中国农业科学院附属小学素质教育丛书

爸爸教我学理财

Papa's Financial Plannning Lessons

李桂君 著

中国财经出版传媒集团

经济科学出版社
Economic Science Press

图书在版编目（CIP）数据

爸爸教我学理财 / 李桂君著 . —北京：经济科学出版社，2018. 1

ISBN 978-7-5141-8996-4

Ⅰ . ①爸…　Ⅱ . ①李…　Ⅲ . ①私人投资－青少年读物　Ⅳ . ①F830.59-49

中国版本图书馆 CIP 数据核字（2018）第 012319 号

责任编辑：王　娟　张立莉
责任校对：杨　海
版式设计：齐　杰
责任印制：邱　天

爸爸教我学理财
李桂君　著
经济科学出版社出版、发行　新华书店经销
社址：北京市海淀区阜成路甲 28 号　邮编：100142
总编部电话：010－88191217　发行部电话：010－88191522
网址：www. esp. com. cn
电子邮件：esp@esp. com. cn
天猫网店：经济科学出版社旗舰店
网址：http：//jjkxcbs. tmall. com
北京鑫海金澳胶印有限公司印装
710×1000　16 开　7.75 印张　100000 字
2018 年 5 月第 1 版　2018 年 5 月第 1 次印刷
ISBN 978－7－5141－8996－4　定价：46. 00 元
（图书出现印装问题，本社负责调换。电话：010－88191510）

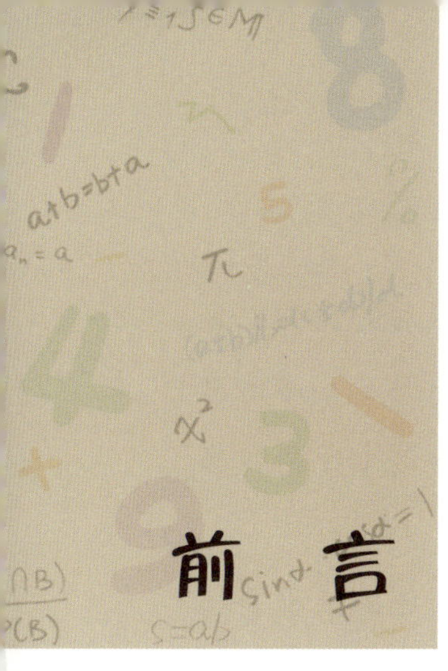

前言

本书缘起北京市的“高支小”项目。2016年秋，我受中央财经大学的委托，去对口的农科院附属小学，给四年级的学生讲授理财的基本知识。现在想来，那对我真是一个极高难度的挑战，我个人认为，教学的难度超过给大学生们上课。因为年龄的差异，学生们的行为和思维特点完全不同，用给大学生们教授知识的方式显然是行不通的。小学生们的接受能力也决定了小学的教学需要更适合的教材和因人而异的教学方式和方法。至今，那些10岁左右孩子的样子仍活灵活现地浮现在我的眼前。

授课的过程中，我发现没有适合中高年级小学生使用的财经素养教材，而财经基础知识的普及又是迫切需要的，甚至应该说，国民财经素养的教育需求非常紧迫。因此，我开始整理国内外的类似课程内容，集成适合青少年学习的财经基本知识，一方面作为我授课的内容，另一方面也为本书的写作做准备。经过课程磨合和后期的内容梳理，形成了本书目前的框架。包括正确的理财观、收入的来源、了解自己的财务状况、为什么需要银行、消费与时间、投资的渠道、风险的防范、财富与人生八个方面的内容。

通过这些内容在小学课堂上的讲授，以及孩子们课后的反映，证明小学中高年级的学生是可以接受这些知识的。同时，小学的教学体验也使我深刻认识到，知识传授的方式方法对这个年龄段孩子的知识学习起到了更为关键的作用。

本书是财经基础知识的普及读物，是以国民财经素质教育为出发点的。因此，在本书的写作过程中，考虑了家长们的财经知识基础，以及家庭整体财经素养的提升。我们设想本书由家长和孩子共同来学习，尤其是其中的专业知识部分，需要家长给孩子进行一定程度地说明和解读。其中，关于财富与人生的内容，也是我们希望家长和孩子共同思考和讨论的重点。本书适用于9岁~12岁的儿童，一般是小学四年级以上的学生。

本书初稿完成后，请北京市第八中学的彭雨阳同学和人大附中翠微学校的李知非同学进行了校对阅读，两个适龄读者给本书提出了很多中肯的意见，对提高本书的适读性很有帮助。本书的付梓还要感谢中央财经大学工会，以及工会常务副主席刘晓勤女士的大力支持。本书同时也是国家社科基金重大项目（17ZDA325）“我国公民财经素养指数构建与数据库建设”成果的一部分。

目录

一、正确的理财观

家长讲的故事：

别人家的孩子

司徒炎恩是一个出生在中国的小朋友，后来，他随爸爸妈妈去了美国的曼哈顿生活。曼哈顿是美国的金融中心，那里有许多著名的金融公司，像摩根大通集团（JPMorgan Chase & Co，全球历史最长、规模最大的金融服务集团之一）、高盛（Goldman Sachs，一家国际著名的投资银行和证券公司），等等。

世界三大金融中心之一：伦敦

世界三大金融中心之一：纽约

世界三大金融中心之一：香港

司徒炎恩9岁的时候，他妈妈过生日，他给妈妈写了一张生日卡，上面写道："我没有钱买礼物，但我可以教您如何投资。"

另外，他还写了一封信给妈妈，告诉妈妈应该如何做家庭投资理财，信上面写道："如果有几十美元就可以买股票；如果有4000美元就应该买房子出租。"

他十二三岁的时候就想自己买股票，可是股票机构不让儿童持股，直到他14岁的时候，司徒炎恩用积攒下来的100美元零花钱买了一家电脑软件公司的股票，3个月后，股票价格大涨，他把股票卖掉，除去投入的100美元，还净赚了900美元。

当年，他就名扬华尔街，被称为"股票神童"。后来，他在父母的支持下，向家人、亲戚以及好友们借钱，共筹集了20000美元，成立了自己的基金公司。15岁，他成为这家基金公司的经理。

这是一个典型的别人家孩子的故事，但是它告诉我们，孩子们的理解能力和认知能力是惊人的，他们有足够的可能去理解和认识财经的世界。

学习投资理财知识，孩子，你准备好了吗？

自主阅读：

这是一个离不开钱的世界

清晨，当我们从舒适的小床上醒来时，我们睡的床铺是父母花钱买来的，我们盖的被褥也是父母花钱买来的。

当我们打开房间的台灯时，台灯是花钱买来的，点亮灯需要的电能也是花钱买来的。

当你开始刷牙洗脸时，水是花钱买来的，牙膏牙刷也是花钱买来的。

当你上学时，你的文具是花钱买来的。

……，……。

我们生活在一个离不开钱的世界！

不同的国家，他们各自通行的货币也不尽相同。让我们一起来看一看。

美国的货币——美元

英国的货币——英镑

日本的货币——日元

俄罗斯的货币——卢布

中国台湾的货币——新台币

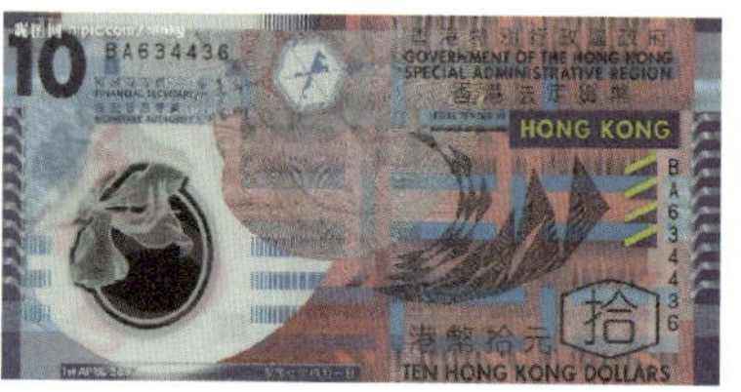

中国香港的货币——港币

欧盟的通用货币——欧元

美国使用的是美元，英国使用的是英镑，日本使用的是日元，俄罗斯使用的是卢布，……。中国大陆使用的是人民币，中国台湾和中国香港则分别使用新台币、港币。

也有许多国家共用同一种货币的情况，如欧盟28个成员国，包括德国、法国、意大利等，共同使用欧元。

我们生活中的很多活动都离不开钱。那么，生活中需要的金钱从哪里来呢？你们学会如何使用这些钱了吗？

而且，随着你们年龄的增长，接触金钱的机会越来越多。只

有掌握了使用金钱的知识，你才能有效地使用它过上健康幸福的生活。

我们把这些合理使用金钱的知识称为理财知识。

正确的理财观念

赚钱不等于理财，会理财也不意味着会发财。

对多数人来说，理财是用来改善我们生活的手段，而不是改变生活的手段。也许，只有那些以投资理财为职业的投资家，才是通过投资理财而改变生活。

没有钱是问题，有了钱也避免不了问题。美国的一份研究资料显示，那些购买彩票，并中了大奖的彩民，一般会在 5 年内把赢来的钱全部花光。在 300 个中了乐透奖的百万富翁中，竟然有 60 个人经历了财务危机。因此，理财是寻找合理使用财富的办法，不论你的财富有多少，都应该合理地使用它们。

让我们从认识家庭消费的合理性开始，学习理财知识。首先，由家长填写家庭一周消费的金额，应用家庭合理性消费的标准，与孩子一起判断家庭一周消费支出的合理性。

合理消费支出：

生活必需（如买菜的钱）+ 例行支出（如水电费）+ 学习费用（如书本费）

不合理消费支出：

不健康的饮食（如购买零食的钱）+ 非必要的购物（如新款手机）+ 非理性的消费（如过度奢华的服装消费）

家庭合理消费分析表

序号	项目	金额	合理消费支出	不合理消费支出
1	衣			
2	食			
3	住			
4	行			
5	娱乐			
6	教育			
7	医疗			
8	其他			
合计				

国家经济波动中的理财

家庭消费是在国家宏观经济环境中实现的，我们个人和家庭都在国家和社会的经济洪流中起伏，无法逆流而动。因此，学习投资理财知识，必须充分认识和理解国家宏观经济的大趋势。而了解国家的宏观经济趋势，依赖于相关的财经信息。这个时候，就不得不了解和熟悉一些财经术语的含义了。

首先，要了解一些必要的经济指标。

如国内生产总值（gross domestic product，GDP）、居民消费价格指数（consumer price index，CPI）、供给与需求、利息、消费，等等。

其次，要了解一些国家宏观调控的政策。

主要是货币政策和财政政策。货币政策提示：如果提高银行业准备金率（银行库存的现金与放在中央银行存款的比例），这

是一个紧缩的信号，意味着国家要减少在市场上流通的货币数量，也即减少市场的投资行为。此时，投资机会减少。

还要了解国家宏观经济政策变动对我们个人和家庭的影响。

如中央银行提升了银行贷款基准利率（国家法定的利率），意味着我们储蓄的收益增加，同时从银行贷款的成本也增加。由于资金的使用成本增加，投资收益的平均水平一般会下降，投资机会减少。

我们一起听听财经新闻吧。（请家长和孩子一起打开电视机，收看一则财经新闻。）

需要了解的基本概念

货币：充当一般等价物(交换媒介)的特殊商品，经历了实物货币、金属货币、纸币、信用货币、电子货币形态的演变。

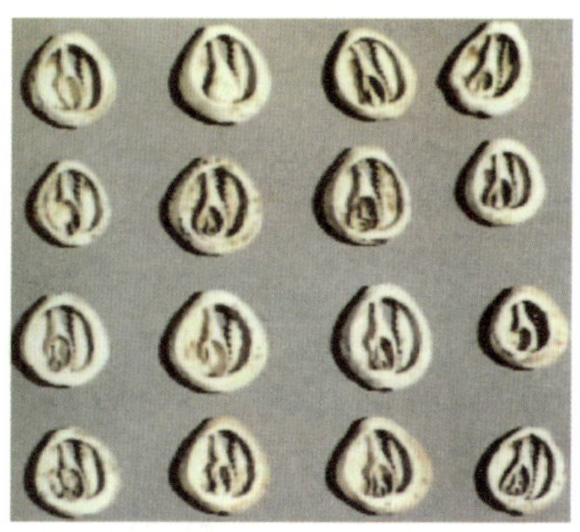

贝壳币（最早出现于夏朝，距今约 4000 年）

金属货币（商朝以后，距今 3000 多年）

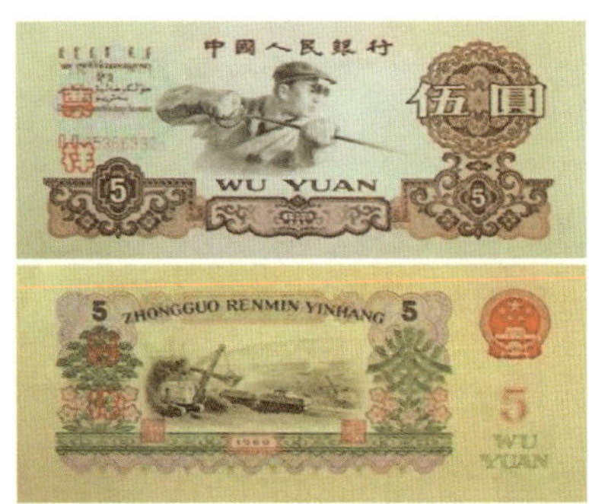

正面为炼钢工人图，背面图案为国徽、露天煤矿图

纸币（始于北宋，距今 1000 年左右）

电子货币（最现代的货币，如储值卡、信用卡，以及比特币）

货币形态的变化

消费：利用社会产品满足人们各种需要的过程，包括生产消费和个人消费，即生产资料和物质资料的消耗。

需求：消费者在某一特定的时期内，在某一价格水平上愿意且能够购买的该种商品的数量。

理财：个人或通过家庭的委托人（或代理人）、机构投资者通过打理所能够支配的资金，使其不断增值的全部过程。广义的理财包含着人们从知道挣钱和用钱购物，到运用在日常生活中的方方面面，小到购买油盐酱醋、节电节水，大到投资办厂、购车买房。

国内生产总值：指在一定时期内（一个季度或一年），一个国家或地区的经济中所生产的全部最终产品和劳务的价值总额。GDP 增长了，说明经济增长了；反之，则说明经济衰退了。

居民消费价格指数：是一个反映居民家庭一般所购买的消费品价格水平变动情况的宏观经济指标。

思考：

同学们有没有注意到，你家里吃的水果、蔬菜和肉类等日常消费品的价格处在经常的变化之中？选择一种你喜欢吃的水果（如苹果）或蔬菜（如菠菜），连续观察几周，记录下来它的价格变化吧！

我选择的消费品是：______________

家庭消费品的价格变化

	日期	单价（元/千克）	与上周相比增/减多少（%）
第一周	__月__日		—
第二周	__月__日		
第三周	__月__日		
第四周	__月__日		

通货膨胀：是信用货币制度下的一种经济现象。指流通中的货币数量超过经济实际需要而引起的货币贬值和物价水平全面持续的上涨。此时，市场上的货币流通量增加，虽然国民获得的货币量也在增加，但物价随之上涨，单位货币购买能力下降。

小故事：

中国的年通货膨胀率一般不超过 6%，所以，我们不容易感受到物价太大的波动。在历史上，最严重的通货膨胀之一发生在 20 世纪 40 年代的匈牙利，其日通货膨胀率最高峰时达到了 195%，大约每 15.6 小时物价就翻一番。打个简单的比喻，你早上起床时，楼下小卖部里的冰棍还是 1 元 1 根；到了晚上睡觉时，价格已经变成 2 元 1 根；第二天下午，价格也许就是 4 元一根了。

思考：

国际粮农组织提出了一个划分贫困与富裕的标准指标，即恩格尔系数。该系数在 60% 以上表示处于贫困状态，50%~60% 是温饱水平，40%~50% 是小康水平，30%~40% 是相对富裕水平，20%~30% 是富裕水平，20% 以下是极其富裕。

恩格尔系数 (Engel’s Coefficient) 是食品支出总额占个人消费支出总额的比重。19 世纪德国统计学家恩格尔根据统计资料，对消费结构的变化得出一个规律：一个家庭收入越少，家庭收入中 (或总支出中) 用来购买食物的支出所占的比例就越大，随着家庭收入的增加，家庭收入中 (或总支出中) 用来购买食物的支出比例则会下降。推而广之，一个国家越穷，每个国民的平均收入中 (或平均支出中) 用于购买食物的支出所占比例就越大，随着国家的不断富裕，国民的这个比例呈下降趋势。

和你的父母一起计算：

自己家庭这个月在购买食物上面的支出占你父母的工资及其他家庭收入总和的比例为多少，然后看一看，你家的生活水平目前处于哪个阶段？

课后的任务

（1）请孩子们列出自己最想做的十件事，按重要程度，从高到低填列在下表中，并估计所需要花费的金额。孩子填写完成后，由父母帮助孩子修正所需要花费的金额。

最想做的十件事

序号	事件	你估计要花多少钱？	父母估计要花多少钱？
1			
2			
3			
4			

续表

序号	事件	你估计要花多少钱？	父母估计要花多少钱？
5			
6			
7			
8			
9			
10			

（2）零花钱使用的调查：相信同学们都十分期待过年，因为每次过年，你们都能从爷爷、奶奶、叔叔、婶婶、舅舅、舅妈……那里得到许多零花钱。现在，问问坐在你前后左右的同学们，他们每年都有多少压岁钱，这些钱又花在了什么地方？

压岁钱用途

姓名	总金额	零食	娱乐	生活用品	学习用品	捐赠	储蓄	其他

☆通过调查，你有什么发现？

☆与同学们相比，你的零花钱使用情况如何，你觉得在哪个方面花了过多的“冤枉钱”？

☆请谈谈你今后打算怎么使用压岁钱，为什么？

补充阅读：

不同阶段儿童应掌握的理财素养

不同阶段儿童应具备的理财素养：

三年级以前：主要的培养目标是认识货币，知道货币的作用，学习货币单位之间的换算，了解消费等基本的知识。

三年级：儿童应学会如何使用货币，了解银行、储蓄等基本金融概念，家长可以给孩子零花钱，儿童应学会制订自己零花钱的使用计划，并能够执行。

四、五年级：对理财知识有更为深入的理解，掌握消费投资、风险等基本概念，并尝试对自己的资金增值有所计划。

六年级（及以上）：能够完全自主地支配自己的零花钱，甚至能够较好地使用各种理财渠道，包括股票、保险、债券（债权的证明文件）等工具，实现资产的增值，形成基本的理财观念。

参考文献

[1]［美］艾琳·加洛，乔恩·加洛著，曹俊，刘亮，高秋萍译．富孩子：全美最新儿童理财教育指南[M]. 北京：中央编译出版社，2003.

[2] 闻潜等著．消费启动与收入增长分解机制 [M]. 北京：中国财政经济出版社，2005.

[3] 黄凤岚．个人理财入门与技巧 [M]. 北京：经济管理出版社，2013.

[4] 甘德安．经济学 [M]. 上海：上海人民出版社，2002.

[5] 刷刷著．玩转零用钱：女孩的理财宝典（第一版）[M]. 长沙：湖南少年儿童出版社，2016.

[6] 李玲．小富翁　大才智——小学生财商教育读本（高段）[M]. 成都：四川科学技术出版社，2015.

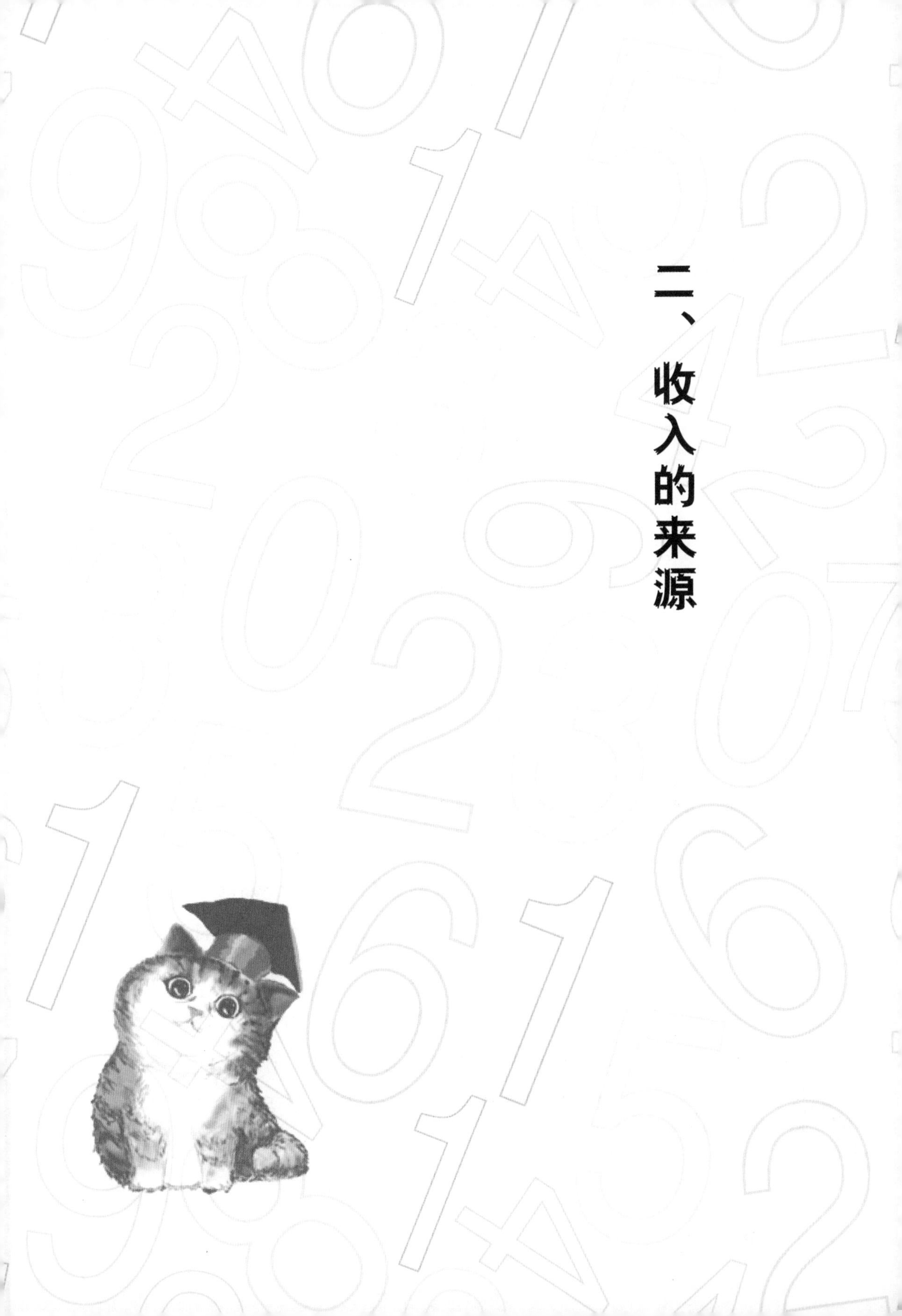

二、收入的来源

家长讲的故事：

山姆·沃尔顿的孩子

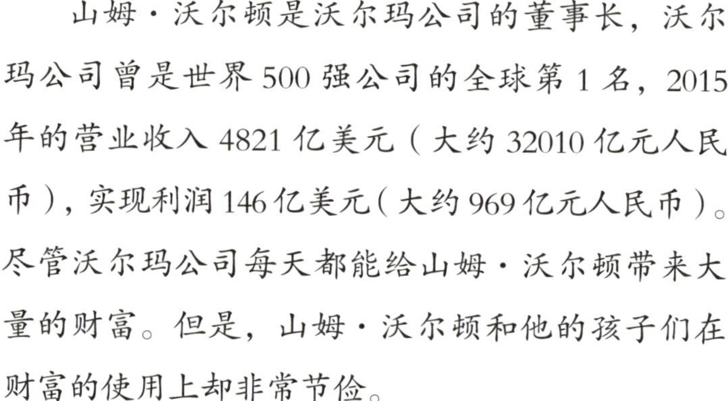

山姆·沃尔顿是沃尔玛公司的董事长，沃尔玛公司曾是世界500强公司的全球第1名，2015年的营业收入4821亿美元（大约32010亿元人民币），实现利润146亿美元（大约969亿元人民币）。尽管沃尔玛公司每天都能给山姆·沃尔顿带来大量的财富。但是，山姆·沃尔顿和他的孩子们在财富的使用上却非常节俭。

相比于其他同龄的孩子，山姆·沃尔顿从来不给自己的孩子们任何零花钱，并要求他们自己挣零花钱。山姆·沃尔顿有四个孩子，他的孩子们在很小的时候就开始帮助父亲干活了。他们跪在地上擦地板，爬到屋顶上去修补漏雨的屋顶，夜间帮助公司员工卸车上的货。而父亲付给他们的工钱与公司里面的其他人一样多。

罗布森是沃尔顿家四个孩子的老大，在其刚成年的时候就考取了驾驶执照。他在夜间向各个零售店运送商品或是干其他的杂活，从父亲那里获得自己的零花钱。

山姆·沃尔顿让四个孩子将他们的部分收入投入沃尔玛公司中去，变成公司的股东。随着沃尔玛公司的逐渐发展，这些孩子初始的微薄投资获得了巨大的回报。

罗布森大学毕业时，已经可以用自己的钱买一栋房子了。他按照自己喜欢的样子，给房子配置了豪华的家具。

自主阅读：

获得收入的方式

收入的来源主要有三个渠道：

（1）通过提供劳动获得报酬，取得收入，如清洁工；

（2）通过提供知识获得报酬，取得收入，如律师；

（3）通过提供资本获得报酬，取得收入，如银行家。

这些收入的来源渠道表现为不同种类的工作。我们去餐厅吃饭，要支付饭钱。我们支付的饭钱会形成许多为我们提供服务的人的收入。这里面的收入可以体现前面讲的三个渠道的收入形式。

比如我们吃饭支付了 100 元钱。

其中，有 20 元支付给了餐厅的服务员，他们帮我们端菜、收拾桌子，付出了体力劳动；

其中，有 20 元钱支付给了做饭的厨师，他们帮我们做菜，付出了做菜的技巧和知识，同时也付出了体力劳动；

其中，有 30 元钱支付给了投资餐厅的投资者，他们把自己的钱集中起来，建设和经营了这个餐厅，他们延迟了自己的消费，为我们提供了餐厅的服务。

其中，有 30 元钱交给了政府部门，他们为我们去餐厅吃饭提供了优美洁净的公共环境。

不同种类工作的年平均收入水平列表。

2016 年北京市行业工资排名 单位：元

行业	工资
文化传播	25000
水泥	17642
设计院	16818
矿产	16305
研究所	15888
冶金	15750
建筑设计	15545
石油	15229
基金	14801
诊所	14554

资料来源：北京市统计局年度统计资料 . http：//www.bjstats.gov.cn.

不同种类的工作，其收入的水平会有差异。即使是同种类的工作，在不同国家，其收入水平也会有不同。

我们提供给市场的交易品，无论是劳动、知识还是资本，其价格都是由供需关系决定的。

比如，有很多人都可以做，也愿意做餐厅服务员，而餐厅又没有那么多的时候，只要较低的工资水平，就能雇佣到餐厅服务员。这时候，餐厅服务员的收入就会比较低。反之，如果想做餐厅服务员的人很少，而餐厅很多，需要很多服务员的时候，餐厅服务员的供应量就不够了，这个时候就需要餐厅支付更高的工资，才能雇佣到服务员。这个时候餐厅服务员的工资就会很高。

一般来说，培养电脑工程师要花费很长的时间，需要很多的知识学习，这比培养一个餐厅服务员更为困难。因此，市场上的电脑工程师一般会比餐厅服务员要少，在多数情况下，电脑工程师的工资收入就会比餐厅服务员要更高一些。

孩子的钱从哪里来

家长给的零花钱、过年给的压岁钱、做家务而获得的奖励、帮同学解决问题获得的报酬、帮邻居割草、看护小孩获得的报酬、打工所获的收入、出售珍藏版玩具所获收益等。

儿童储蓄

1. 通过劳动挣钱

如果自己的父母工作很忙，你可以申请帮助他们分担一些家务活，包括洗衣服、拖地、洗菜，甚至做一些简单的饭菜。

儿童通过家庭劳动换取报酬

由于分担了父母部分的工作，他们有更多的时间去工作挣钱。因此，他们会从自己挣得的收入中分给你一部分，作为做家务的报酬。这是用单位价值较少的时间换取父母单位价值更高的时间。但是，要注意分配好学习时间和家务活的时间，时间也是有限的，学习时间是对未来的投资，学习时间能够使未来的单位时间价值上升。

2. 利用自己的技能赚钱

也可以利用自己掌握的技能赚钱，如果会使用一门乐器，钢琴、小提琴、扬琴等，可以在别人的婚礼上或是生日宴会上进行表演，并收取一些表演的费用。

儿童通过技能换取报酬

如果会剪纸、绘画或是其他手工也可以。总之，如果你能够掌握一些技能，就可以找到一定的市场，为别人提供服务，利用自己的技能赚钱。

3. 利用自己的资本增值赚钱

除了通过劳动和技能赚钱，你还可以通过自己的资本投资赚钱。其中，最大的一笔资本应该是来自你的压岁钱。你的压岁钱对你来说是一笔巨款，每年少则几千元，多则过万元。想想这些钱都用来干什么呢？

压岁钱的使用

如果把钱存到银行，那么每年都会有一定的利息。假设你年初存入银行10000元钱，年利率是4.25%，那么到年底的时候，你就有10425元钱了。

如果把这些钱用来投资其他有可能增值的物品，那么每年的账面价值都会有变化。

小故事：

连恩是一位电子工程师，他持有一家卡片制造商的股票。大约4个月前，他收到了卡片制造商邮寄给他的长期股东纪念品，四大盒皮卡丘粘贴卡片。连恩有两个孩子，分别是9岁的爱丽丝和7岁的凯利。当他们看到这些皮卡丘的卡片时，非常兴奋。因为他们刚刚听说："皮卡丘卡片现在卖得可火了，这个消息千真万确。"

两个孩子跟连恩商量："爸爸，那我们把它卖了吧。"连恩同意了他们的做法，并决定由两个孩子在网络上拍卖。此后的几个月里，孩子们在eBay网上拍卖了这些卡片，他们一共获得了13280美元（差不多是一个美国大学生一年的生活费）。

如果你的朋友中有投资股票、债券很成功的人，可以尝试把钱委托给他，请他帮你进行这方面的投资。当然投资的收益也要分给他一部分，因为他通过自己掌握的知识，为你提供了有价值的服务，你应该为你享受的服务支付报酬给他。而你获得的收益，是你的资本投资增值收益。如果你们能够达成共识，甚至可以建立一个"基金"，你每年赚取的钱，都投一半到这个基金里去，等你到了上大学的年纪，也许你已经攒够了上大学的学费。

小故事：什么叫资本增值

有一天，一个银行家的儿子，好奇地问他爸爸，他是怎么赚到这么多钱的？银行家放下手上的事情，微笑地让他的儿子把冰箱的肉拿过来。

儿子拿过来了，银行家让他再放回冰箱。儿子把肉放回冰箱后，莫名其妙地站在那里，不知所以。在等待了很久后，儿子终于鼓起勇气，问他爸爸拿肉和这个问题有什么关系？

银行家盯着儿子看了一会儿，终于笑眯眯地说道："肉原来在冰箱，现在还在冰箱，但是你的手上是不是多了什么东西？"儿子看着手上的油……

父母应该让孩子知道钱是怎么来的

当孩子知道钱能买到各种各样的东西以后，他们便会找父母要钱或是让父母花钱去买他们喜欢的物品。孩子们看到父母从钱包里直接掏出来钱，就可以买到东西了。渐渐地，他们会认为花钱是很自然的事情，却无法知晓这钱究竟是怎么来的？孩子如果不知道金钱的来之不易，就会对父母花的每一分钱感到无所谓。更可怕的后果是，一旦他们形成了挥霍浪费的消费习惯，就很难再纠正回来，甚至越往后越觉得父母给的钱不够多。如果哪一天家长想限制孩子的零花钱，他们将会发现，这并不是一件容易的事情！所谓由俭入奢易，由奢入俭难，便是这个道理。

所以，在孩子最初知道钱能买东西时，父母就应该有意识地告诉孩子，金钱是通过父母的辛勤劳动换取的，让孩子从小就知道节省消费，这是教孩子理财的第一步。

如果有条件的话，父母可以带孩子去自己工作的场所参观，让孩子了解一下自己工作的环境，看一看父母辛勤劳作的身影，使孩子亲身体验一下父母赚钱是如何不容易，这样比口头说教要有效得多。

需要了解的基本概念

知识：实践证实过的人类对物质世界以及精神世界探索的结果总和。

资本：泛指具有经济价值的物质财富，体现了生产过程中的社会关系。包括一切投入再生产过程的有形资本、无形资本、金融资本和人力资本。

劳务：以活劳动形式为他人提供某种特殊使用价值的劳动。它可以是满足人们精神上的需要，也可以是满足人们物质生产的需要。

交易：原指以物易物，后泛指买卖商品。

供给：是指满足社会购买力的需要；按一定规格供应或作为伴随物而配给。

需求：在一定的时期，在一既定的价格水平下，消费者愿意并且能够购买的商品数量。

市场：是买卖双方进行交易的场所，也包括所有的交易行为。

课后的任务

与父母一起制定一份小朋友的收入来源表。

收入来源表

日期	收入事件描述	获得的金额（元）	收入的性质 （劳动收入、资本收入、知识收入）

家长和孩子一起来增加孩子的收入来源，并帮助孩子分析，所增加来源项目的性质，是劳动收入？知识贡献收入？还是孩子的资本性收入？

补充阅读：

家庭理财的几条基本定律

家庭理财的几条基本定律：

4321 定律：该定律反映的是家庭资产的合理配置比例。家庭收入的 40% 用于供房和投资，30% 用于家庭生活开支，20% 用于银行存款以备不时之需，10% 用于保险。

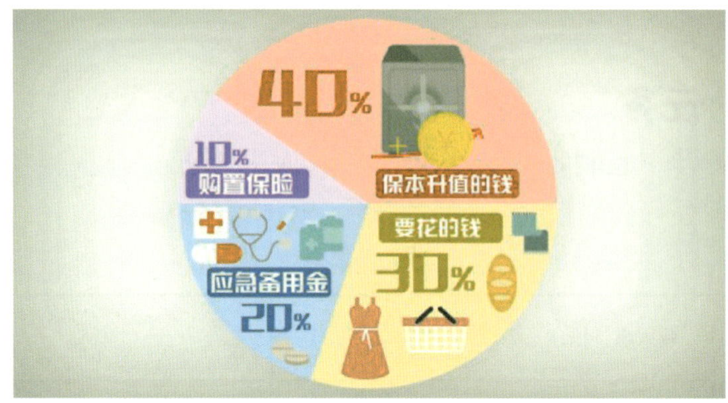

家庭资产合理配置比例

31 定律：该定律反映家庭房贷比例。它是指每月归还的房屋贷款金额以不超过家庭当月总收入的 1/3 为宜。

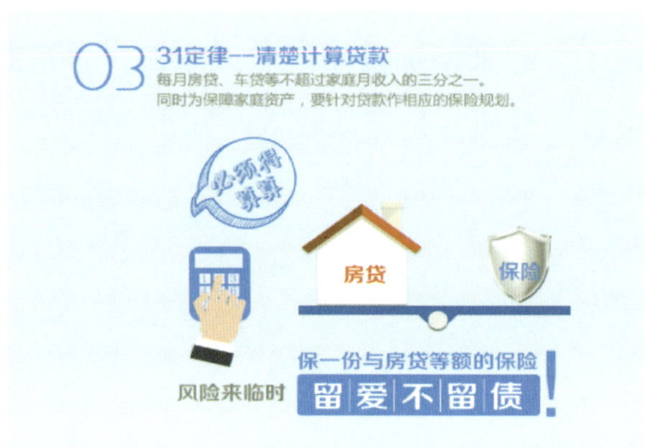

家庭房贷比例

72 定律：该定律是投资翻倍所用时间的简易算法，可以帮助我们判断和选择投资渠道。不拿回利息的情况下，本金增值 1 倍需要的时间等于 72 除以年收益率。如用本金 1 万元进行投资，银行储蓄率为 2.25%，那么，本金增加到 2 万元所需要的时间为

72/2.25=32 年。

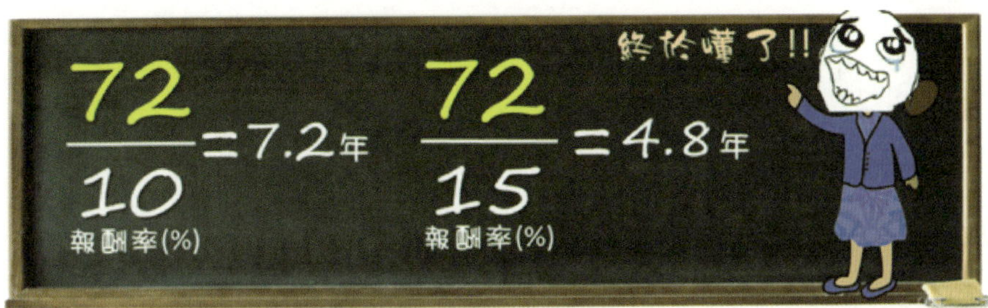

投资翻倍所用时间的简易算法

100 定律：是指在 40% 的家庭投资中股票适宜的比例。它等于 100 减去年龄后加上“%”。如：30 岁时，40% 的家庭投资中股票可以占 70%。当然，10 岁的时候，家庭投资中比例占 90% 是不对的。这要根据家庭具体收入情况和专业背景情况而定义。财经专业人员的投资比例是灵活调整的，对于大多数非财经专业人士而言，该定律是有参考意义的。

双 10 定律：家庭购置保险的适宜额度（保额）应为年收入的 10 倍，而购买保险支出的费用，以占年收入的 10% 为宜。

参考文献

[1] 黄凤岚 . 个人理财入门与技巧 [M]. 北京：经济管理出版社，2013.

[2] 杨群 . 家庭理财很简单 [M]. 北京：化学工业出版社，2016.

[3] 金定铁 . 送给孩子的第一本理财书 [M]. 上海：上海财经

大学出版社，2013.

[4] 李笑，邓律 . 从小学理财 [M]. 长沙：湖南科学技术出版社，2014.

[5] 上海国际金融中心研究会 . 金融理财基础（第 3 版）[M]. 上海：上海人民出版社，2011.

[6] 韩玉珍 . 金融学基础 [M]. 北京：首都经济贸易大学出版社，2007.

[7] [美] 莎莉 · 德斯贾丁斯，里克 · 埃默森著 . 钱峰译 . 拯救金钱 [M]. 北京：现代出版社，2016.

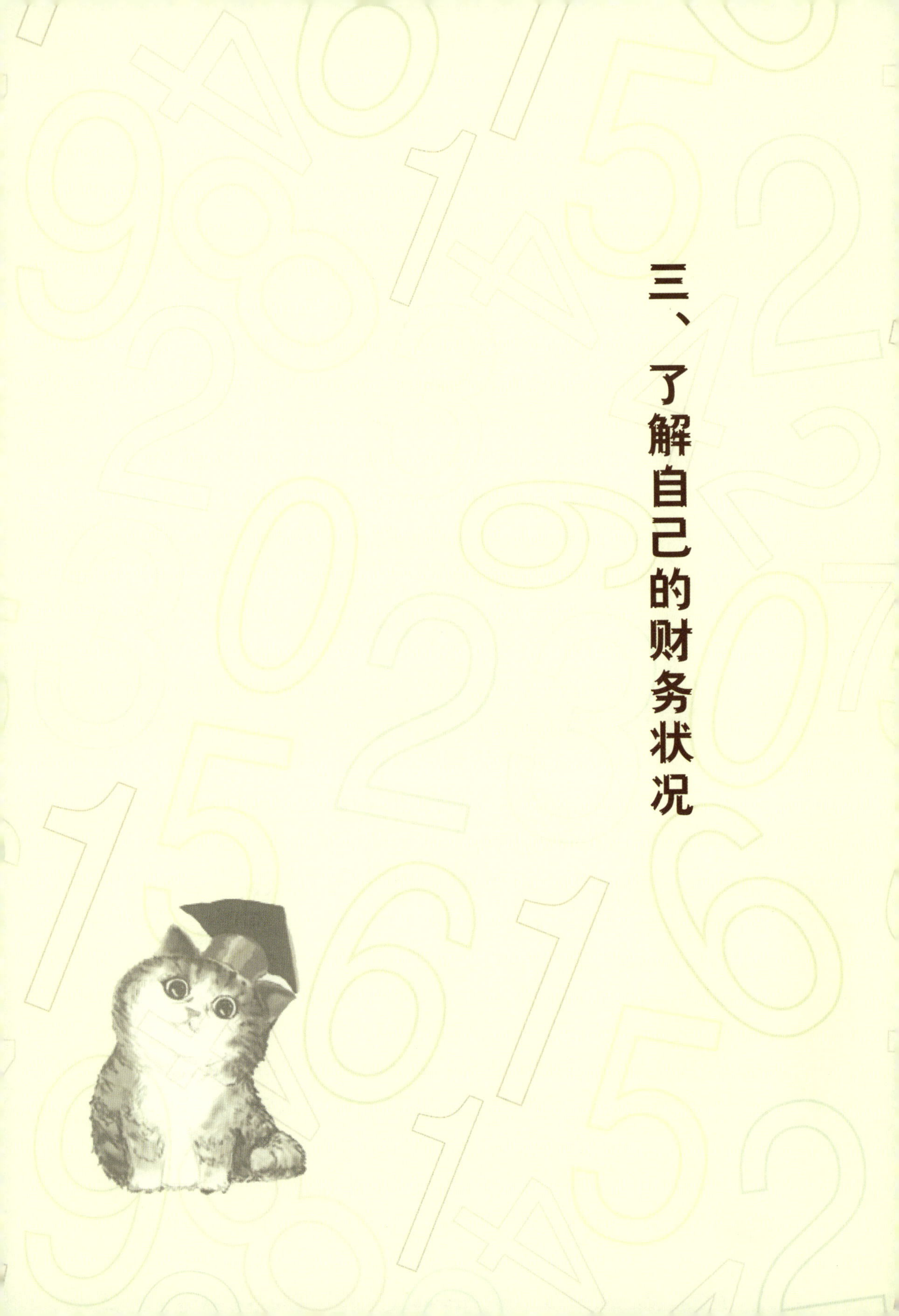

三、了解自己的财务状况

家长讲的故事：

压岁钱的由来

传说，古时候有一种身黑手白的小妖，名字叫“祟（suì）”，每年的年三十夜里出来害人，它用手在熟睡的孩子头上摸三下，孩子吓得哭起来，然后就发烧，讲胡话，几天后热退病去，但聪明机灵的孩子却变成了痴呆疯癫的傻子了。人们怕祟来害孩子，就点亮灯火围坐不睡，称为“守祟”。

在嘉兴府有一户姓管的人家，夫妻俩老年得子，视为掌上明珠。到了年三十夜晚，他们怕祟来害孩子，用红纸包了八枚铜钱陪孩子玩，拆开包上，包上又拆开，一直玩到睡下，包着的八枚铜钱就放到枕头边。夫妻俩不敢合眼，挨着孩子长夜“守祟”。半夜里，一阵狂风吹开了房门，吹灭了灯火，黑矮的小妖用手摸孩子的头时，孩子的枕边射出一道亮光，祟急忙缩回手尖叫着逃跑了。管氏夫妇把用红纸包八枚铜钱吓退祟的事告诉了大家。大家也都学着在年夜饭后用红纸包上八枚铜钱放在孩子枕边，果然，以后祟就再也不敢来害小孩子了。原来，这八枚铜钱是仙人变的，在暗中帮助孩子把祟吓退，因而，人们把这钱叫“压祟钱”。又因“祟”与“岁”谐音，随着岁月的流逝而被称为“压岁钱”了。

其实，小孩的是“压祟钱”，老人的才是“压岁钱”。老人的“压岁钱”是指为了他们不再增长岁数，健康长寿。

自主阅读：

你的收入能够做几件自己想做的事

你的压岁钱够花吗？

在第一章中，你曾经写了十件你想做的事情，你的父母也已经帮你估计了大概需要花多少钱。而且你已经估计了自己目前的收入情况。那么，现在我们看看你的收入与你想要支出的关系吧！

收入与支出

你的收入	–	你预计的支出	=	?
	–		=	

你是不是发现你的收入比你的预计支出要少？

简易收支表（儿童可填写）

简易收支表

日期	事项	收入	支出	备注 / 想法

家长小贴士：收支计算

如果孩子总是在期限之前花光零用钱，不要用教训的口气去告诉他如何做预算，说什么“天上不掉钱”之类的话。相反，你应该采取这种说法：“最近我发现你好几次提前透支了你的零用钱。我们来列个清单，看看最近花钱都买了什么，都分别花了多少钱，好吗？如果你记不得了，那从下周或下半个月开始可以每花一笔钱都做记录。有了清单，我们就可以一起分析。对于你的预算的制定，我或许可以帮上忙。如果零用钱真的不够，我们可以考虑提高或者想办法让你自己挣点。”

为什么我的钱不够花

鲁斯，今年 14 岁，家住在纽约中西部的富人区。他的家里很有钱。尽管上了高中以后家长已经给他增加了零用钱，但他还是每次都早早地把它们花光了。鲁斯抱怨说他的零用钱没有朋友的多，和他们出去吃饭或看电影总是没钱付。他告诉家长，他不得不经常向朋友借钱来看电影，他觉得很没有面子。他说朋友不要他还钱是觉得他家不够富裕的缘故。鲁斯的父母觉得很不好意思，于是打算给他再增加一些零用钱。可是有一次，他们和鲁斯一个朋友的父母谈起了这件事，才知道这些孩子把很多钱都花在了城里一家新开的游戏中心里。鲁斯后来也承认他把相当多的零用钱也用在了这方面。

资金出现了缺口怎么办

达瑞 8 岁的时候，有一天他想去看电影。因为没有钱，他在想是向爸妈要钱，还是自己挣钱。最后，他选择了后者。他自己调制了一种汽水，把它放在街边，向过路的行人出售。可那时正是寒冷的冬天，没有人购买，只有两个人例外——他的爸爸和妈妈。

有一次，他得到了和一个成功商人谈话的机会。当他对商人讲述了自己的“破产史”后，商人给了他两个重要的建议：一是尝试为别人解决一个难题，那么你就能赚到许多钱；二是把精力集中在你知道的、你会的和你拥有的东西上。

对于一个 8 岁的男孩而言，他不会做的事情还有很多。于是他穿过大街小巷，不停地思考，人们会有什么难题，他又如何利用这个机会为他们解决难题。

这其实很不容易。好点子似乎都躲起来了，他什么办法都想不出来。但是有一天，父亲无意中给他指出了一条正路。吃早饭时他让达瑞去取报纸。这里必须补充一点，美国的送报员总是把报纸从花园篱笆的一个特制的管子里塞进来。假如你想穿着睡衣舒舒服服地吃早饭和看报的话，就必须离开温暖的房间，到外面去取报纸，即使在天气不好的时候也是如此。虽然有时候只需要走二三十米路，但也是非常麻烦的事情。

达瑞为父亲取报纸的时候，一个主意诞生了。当天他就挨个按响邻居的门铃，对他们说，每个月只需付给他 1 美元，他就每天早上把报纸塞到他们的房门底下。大多数人都同意了，达瑞很快有了 70 多个顾客。当他在一个月后第一次赚到了自己的钱的时候，他觉得自己简直是飞上了天。

高兴的同时他也并没有满足现状，他还在寻找新的机会。成功了一次之后，他很快就找到了其他的机会，他让他的顾客每天把垃圾袋放在门前，然后由他早上放到垃圾桶里——每个月加 1 美元。他喂宠物、看房子、给植物浇水。但是他从来不以小时计费，虽然用其他方法计费挣的钱更多。

9 岁时，他学习使用父亲的电脑。他学着写广告，而且他开始把能够挣钱的方法写下来。因为他不断有新的主意，所以很快就有了丰厚的积蓄。他母亲帮他记账，好让他知道什么时候该向谁收钱。他也雇别的孩子帮他的忙，然后把收入的一半付给他们。如此一来，钱如潮水般地涌进了他的腰包。

当达瑞 17 岁的时候，他已经拥有了几百万美元。

家长也可以给孩子提供打工机会来挣点钱，超出义务范围的附加性工作，如帮忙遛狗、洗车。这既可以让他们获得一些报酬，也是一种很好的教育手段，因为它反映了现实世界中的道理：多劳多得；努力工作就会有奖励。这种努力工作和额外收入的联系有力地向孩子说明：即使生活在富裕家庭中，想要赚钱还得靠自己。列一个详尽的杂务清单是一种不错的方法，每一项杂务后面都附上具体的价格。任何非日常家务，只要你认为孩子可以做的，都可以列入这个清单。

资金出现了富余怎么办

汉斯的儿子瑞安要求在12岁生日时得到一台割草机作为生日礼物，他的妻子明智地给瑞安买了一台。暑假，瑞安靠替人割草赚了400美元。汉斯建议瑞安用这些钱做些投资，于是瑞安决定购买耐克公司的股票，并因此对股市产生了兴趣，开始阅读报纸的财经版内容。很幸运，他购买耐克公司股票的时机把握得不错，赚了些钱。当瑞安9岁的弟弟看见哥哥在10天内赚了80美元后，也做起了股票买卖。现在，他俩的投资都已经升值到了1800美元。

家长小贴士：

很多父母都会为孩子开设一个压岁钱账户，并会亲自教孩子怎样把钱存入银行内，带孩子去银行存取钱。这个时候我们就可以顺便告诉孩子不同存期意味着什么，自动转存是什么概念，不同的利率时期下如何权衡存款期限等理财小知识。

我们也可以引导孩子压岁钱留多少自用、存多少、存多久，为什么要这样存，一开始我们可以把存期缩短，比如三个月或半年，让孩子可以短期内看到账户的余额在增加，儿童逐渐也会对与这笔钱相关的理财信息感兴趣，自觉地学习一些理财方面的知识。以后有钱就会自觉地想到存在里面，既安全又可以得到利息。

随着儿童年龄的增长，我们也可以建议孩子们把压岁钱用来投资基金、债券、股票等证券。在投资的过程中讲解理财基本知识给孩子，包括经济金融常识和个人家庭理财技能与方法。

引导孩子处理财务问题

（1）当孩子想买东西时，父母可以帮助他们树立预算意识。让孩子考虑：买这件东西需要花多少钱，买完以后，你这个月将还剩多少零花钱。

（2）在鼓励孩子独立进行消费决策以后，无论他们考虑的结果是买还是不买，买的对还是不对，相信他们都能从这个过程中学到一些知识。

（3）如果孩子本月的零花钱没有用完，父母也不必疑惑零花钱是否给多了。相反，父母可以把本月的剩余加到下个月的零花钱里。面对越积越多的零花钱，父母应该指导他们如何合理地分配。

（4）如果孩子的花费超过本月的预算约束线，这时父母可“借”一点钱给他们，并适当收取一定利息。到期要是无法偿还的话，那就要从他们下个月的零花钱里扣除了。

需要了解的基本概念

收入：经济利益的流入，包括但不仅是资金流入。比如，前面讲过的，瑞安的割草机。

支出：经济利益的流出，包括但不仅是资金流出。比如，提供了服务但没有收回的现金。

有效需求：一定的商品价格水平和消费者收入水平下，消费者愿意并且具有支付能力的所能购买的商品数，也可以称作市场的现实需求。比如，你想买而且买得起的玩具。

投资：为了在未来可预见的时期内获得收益或是资金增值，在一定时期内向一定领域投放足够数额的资金或实物的货币等价物的经济行为。

课后的任务

请孩子与父母一起利用简易收支表整理上一年的收支情况。

简易收支表

日期	事项	收入	支出	备注 / 想法

补充阅读：

从学会记账开始

理财是为了实现更好的人生目标，虽然人的追求是无穷尽的，但可用的资源是有限的。所以说，理财的关键在于我们如何取舍，而记账则能够清楚地告诉我们自己的钱是怎样一笔一笔花出去的。

学会理财的第一步是记账，即记录个人的财务收支状况。

那么，我们该如何记账呢？

1. 记账目的：抑制不合理的消费冲动、理性安排手上的资金。

2. 记账方法：先采用流水记账法，也就是不分类别地列出当日的收入与支出。熟练之后再使用复式记账法（对每项经济活动都要从两个或以上的账户中相互联系进行登记），实践证明，这是一种比流水账更有效的记账方法，只是会稍显复杂。

关于复式记账如何应用在个人与家庭财务收支中，有兴趣的同学可以浏览相关的网页，进行深入阅读。

3. 记账方式：小本本、手机 APP 等多种方式结合。

4. 记账习惯：消费后记账，每晚复核账单，每月整理分析。

5. 记账心态：不必太计较。如果实在忘了某一笔支出的话，也不用过于在意，只需在账本上做个标记，提醒自己今后要稍微注意一下。

参考文献

[1] 上海国际金融中心研究会．金融理财基础（第 3 版）[M]. 上海：上海人民出版社，2011.

[2] 韩玉珍．金融学基础 [M]. 北京：首都经济贸易大学出版社，2007.

[3] [美] 莎莉·德斯贾丁斯，里克·埃默森著，钱峰译．拯救金钱 [M]. 北京：现代出版社，2016.

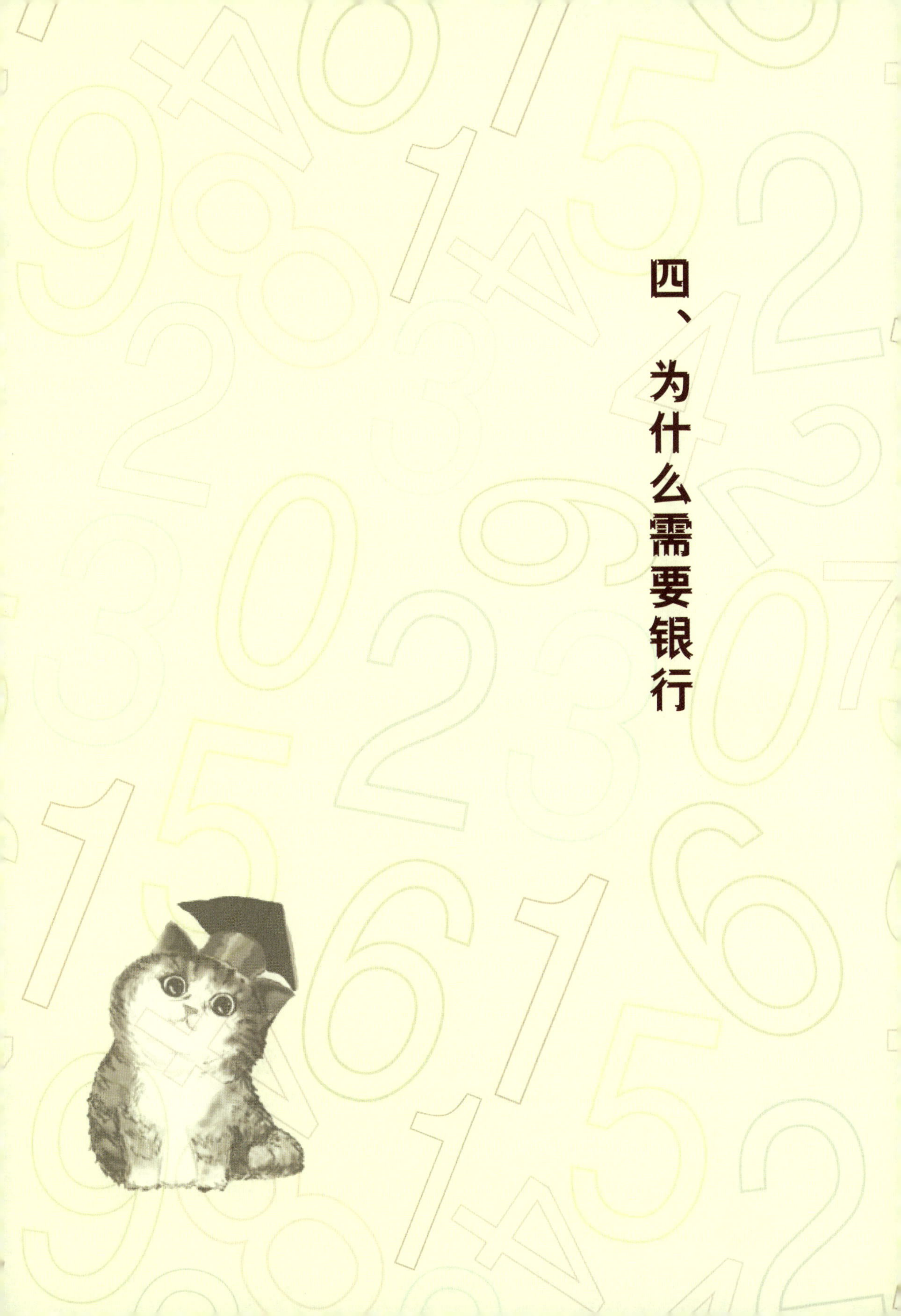

四、为什么需要银行

家长讲的故事：

罗杰斯的女儿

美国的金融中心是曼哈顿岛，岛上最著名的一条金融街叫做华尔街，聚集着全球最著名的金融机构，可以说那里聚集着全世界的财富。在华尔街的诸多金融家中，有一个人叫做罗杰斯，他与美国著名的金融家索罗斯在1970年一起创建了量子对冲基金，曾经连续10年年均收益率超过50%。

罗杰斯有两个女儿，都是美国公民，但奇怪的是，他的两个女儿没有美国的银行账户，却都在亚洲开设了银行账户。他还送了一些小的存钱罐给女儿们，让她们把存钱罐当做银行来看待，一个放美元，一个放欧元，一个放人民币。小姑娘们很快就认识到，这个世界上有不同的国家，不同的国家有不同的货币，而且不同的货币之间的价值比率关系会变动，那就是汇率了。

罗杰斯跟女儿们约定，她们必须用自己的钱去买东西。用钱的时候，可以从存钱罐里取。当然，前提是她们要时常往里面存钱。有一天，大女儿发现自己的存钱罐里的钱比妹妹存钱罐里的钱少了，感到很不高兴。罗杰斯告诉大女儿，是因为前几天她要买一个芭比娃娃，因此使用了一部分自己的钱，而妹妹没有买任何东西，所以妹妹存的钱就比她多了。

从此以后，他的大女儿开始积极地存钱，并意识到，自己必须在储蓄和消费上有一个合适的比例选择。

自主阅读：

银行与日常生活

我们走在大街上，放眼望去，各种名称的银行随处可见，甚至在一条街上银行就有好几家。走进银行里面，我们常常能看到拥挤的人群，他们手中拿着号码，焦急地等待办理业务。

人们日常谈论的话题也离不开银行，“我今天去银行买了10万元国债”“银行的利率怎么又降了”“某某银行又推出一款不错的理财产品”，凡此种种。可见，无论是国家整体运行，还是每个人的日常生活，都和银行息息相关。

现在，随着互联网技术的进步，人们的手机上又增加了各类银行的APP客户端，许多业务不必去银行，在网上就能完成了。

那么，银行与我们生活的联系究竟表现在哪些方面呢？

储蓄是我们最熟悉的银行业务，财产通过储蓄在银行既可以获得利息，又能得到安全的保管。

贷款也是银行的重要业务。个人购买住房需要银行的按揭贷款，购买汽车有汽车消费贷款，贫困学生有银行助学贷款……

债券、基金、理财、信托、保险等产品，也可以在银行购买。

许多企业的养老金也是由银行代发……

同学们，你们还能列举出更多的银行与生活关联的例子吗？

存钱是理财的第一步

存钱是财富的积累过程，如果只是存钱而不进行投资理财，不能够让钱去生钱，财富是要贬值的（越来越不值钱）。但是如果不通过存钱形成一定的财富规模，投资和理财也就无从说起了。

银行就是我们存钱的最主要机构，把钱存在银行里具有如下几个作用：安全有保证、可以赚取利息、可以增加信用，最重要的是养成良好的先存钱后消费的好习惯。

银行储蓄的方式一般分为定期储蓄和活期储蓄两大类。

定期储蓄存款是指储户在存款时事先约定存款期，一次或分次存入，一次或多次支取本金或利息的一种储蓄方式。一般来说，定期储蓄的存期与利率成正比。定期储蓄又分为整存整取、零存整取和存本取息三种。

整存整取：是储户事先约定存期，本金一次存入，到期一次支取本息的储蓄方式。起存金额为 50 元，多存不限。存期有 3 个月、6 个月、1 年、2 年、3 年和 5 年六个档次。

央行降息后部分银行最新利率

（单位：% 具体数据以官网公布为准）

银行	活期	三个月	半年	一年	二年	三年	五年
中国银行	0.35	2.35	2.55	2.75	3.25	3.75	4
建设银行	0.35	2.35	2.55	2.75	3.25	3.75	4
农业银行	0.35	2.35	2.55	2.75	3.25	3.75	4
工商银行	0.35	2.35	2.55	2.75	3.25	3.75	4
交通银行	0.35	2.35	2.55	2.75	3.25	3.75	4.00
招商银行	0.35	2.35	2.55	2.75	3.25	3.75	4.00
民生银行	0.385	2.55	2.75	3	3.65	4.4	4.6
浦发银行	0.385	2.5	2.75	3	3.4	4	4.1
中信银行	0.385	2.5	2.75	3	3.41	4.125	–
华夏银行	0.385	2.52	2.76	3	3.41	4.125	4.5
渤海银行	0.455	2.73	2.99	3.25	4.03	4.875	5.225
南粤银行	0.42	2.52	2.99	3.25	3.72	4.5	5.225

银行的利息率

零存整取：是储户开户时预先约定期限，逐月存入本金，到期一次性支取本息的定期储蓄。起存点为 1 元，上不封顶。存期分为 1 年、3 年和 5 年三个档次。

存本取息：是储户一次性存入本金和利息，按月或分次支取利息，到期支取本金的一种储蓄方式。起存金额为 3000 元。开户时，由储户确定一次性存入的金额，约定存款的期限和支取利息的次数。

活期储蓄是开户时不约定期限，存取款数目不受限制，储户可随时存取的一种储蓄方式。活期储蓄存款来源于人们生活待用款项和滞留时间比较短的手持现金。活期储蓄分活期存折储蓄、活期存单储蓄和活期支票储蓄三种。活期储蓄的利息率一般要低于定期储蓄的利息率。

银行为了服务客户，还提供一些其他类型的储蓄方式，如定活两便储蓄、定期储蓄一本通、教育储蓄，等等。

我国目前具有教育储蓄性质的儿童银行卡有：民生银行的小鬼当家卡、中国工商银行的宝贝成长卡、招商银行的快乐伙伴卡以及光大银行的小小银行家卡。

交通银行太平洋儿童借记卡

银行对我们理财的影响

我国银行的管理结构，包括中央银行、政策性银行、商业银行、监管机构、行业自律组织和其他金融机构；等等。

中央银行指的是中国人民银行。其主要职能有：制定和执行货币金融政策、对金融活动实施监督管理和提供支付清算服务。中央银行是监管银行的银行，它决定市场上货币发行的数量，如果货币发行多了，货币就会贬值，同等货币面值能够购买的东西就少了。

中央银行

政策性银行：是为配合政府特定经济政策和意图进行融资和信用活动的金融机构。目前，我国有两大政策性银行：中国进出口银行和中国农业发展银行。

商业银行：这是数量最多，也是我们平时接触最多的银行。包括国有商业银行和股份制中小型商业银行。工商银行、农业银行、建设银行、中国银行、交通银行是大型国有商业银行；股份制商业银行包括兴业银行、华夏银行、招商银行、广发银行、平安银行、浦发银行、民生银行、中信银行、光大银行、恒丰银行、浙商银行、渤海银行等。

监管机构：中国的银行业监管机构是中国银行保险监督管理委员会，简称银保会，于 2018 年 4 月 8 日正式挂牌运行。原中国银行业监督管理委员会（简称银监会）和中国保险监督管理委员会（简称保监会）的监管职能整合至银保会。

自律组织：中国银行业协会。

中国银行业协会

下面，我们来比较一下各银行存款利率情况，看看怎样存款更划算？

各银行存款利率对比表（2017 年 3 月）

银行	活期存款	定期存款（整存整取）					
		三个月	半年	一年	二年	三年	五年
人民银行	0.350	1.100	1.300	1.500	2.100	2.750	2.750
工商银行	0.300	1.350	1.550	1.750	2.250	2.750	2.750
农业银行	0.300	1.350	1.550	1.750	2.250	2.750	2.750
建设银行	0.300	1.350	1.550	1.750	2.250	2.750	2.750
中国银行	0.300	1.350	1.550	1.750	2.250	2.750	2.750
交通银行	0.300	1.350	1.550	1.750	2.250	2.750	2.750
招商银行	0.300	1.350	1.550	1.750	2.250	2.750	2.750
中信银行	0.300	1.400	1.650	1.950	2.400	3.000	3.000
光大银行	0.300	1.400	1.650	1.950	2.410	2.750	3.000
浦发银行	0.300	1.400	1.650	1.950	2.400	2.800	2.800
平安银行	0.350	1.100	1.300	1.500	2.100	2.750	—

思考：

如果你的家庭最近收入了10万元现金，现在让你来决定这笔钱该如何存入银行。根据各银行存款利率对比表显示的利率情况，在遇到下列情形时，你应该如何去合理分配这笔钱。

情况1：如果你的家庭想随时从银行账户支取这笔钱，你应该选择哪种存款形式（活期/定期）？当你确定了存款形式以后，选择哪家银行会得到更高的利率？

情况2：如果你预测到你的家庭在未来3年内都不大可能发生较大的支出项目，请问这时你该选择哪种存款形式，你又会选择哪家银行存入这笔钱？3年到期以后，这笔钱最多可以产生多少利息？

情况3：如果父母告诉你，这笔钱可以拿出一半供你将来读大学使用，而另一半则要随时供家庭日常开销使用。请问这时你该如何恰当地分配这笔钱，让它既能产生较大的利息收益，又不会限制家庭的日常生活。

情况4：当你看到央行的活期存款利率比较高，然后愉快地准备把现金全部存入该银行。可是，当你去了以后，银行并不接受你的存款要求，请问这是为什么？进一步思考，央行的利率有什么作用？

银行的类型：

城市商业银行：在城市信用社和城市合作银行的基础上重新组建的一种银行类型，我国主要的城市商业银行约为110家，分布在各个省市，主要有渤海银行、徽商银行、吉林银行、南昌银行、东莞银行、哈尔滨银行、南京银行，等等。

农村金融机构（信用社）：是由农民入股组成，入股社员们自己管理这个机构，主要为入股社员服务的合作金融组织。其主要任务是筹集农村闲散资金，为农业、农民和农村经济发展提供金融服务。同时，组织和调节农村基金，支持农业生产和农村综合发展，支持各种形式的合作经济和社员家庭经济，限制和打击高利贷。

农村信用社

中国邮政储蓄银行：中国邮政储蓄银行于 2007 年 3 月 20 日正式挂牌成立，是在改革邮政储蓄管理体制的基础上组建的商业银行。

村镇银行：在广大农村地区设立的主要为当地农民、农业和农村经济发展提供金融服务的银行业金融机构。村镇银行不同于银行的分支机构，属一级法人机构。

外资银行（资本来自国外的银行）：我国主要有十大外资银

行，分别是汇丰银行、花旗银行、渣打银行、东亚银行、星展银行、恒生银行、瑞士银行、华侨银行、摩根大通和德意志银行。

请看各外资银行人民币存款门槛表：

外资银行人民币存款门槛一览

银行名称	账户类别	日均余额	账户收费
东亚银行	一般存款	低于 5000 元	每月 10 元
	显卓理财	低于 20 万元	每年 200 元
汇丰银行	一般账户	低于 10 万元	每月 150 元
	卓越理财	低于 50 万元	每月 300 元
花旗银行	睿智理财	低于 8 万元	每月 100 元
	贵宾理财	低于 80 万元	每月 200 元
渣打银行	创智理财	低于 1 万美元	每季 150 元人民币
	优先理财	低于 10 万美元	每季 250 元人民币

小故事：只借 1 美元

一位犹太商人来到一家银行贷款部，对贷款部经理说："我想借点钱。""完全可以，您想借多少呢？""1 美元，可以吗？"贷款部经理显出十分诧异的神情，此人穿戴十分阔绰：名贵的西服，昂贵的手表，镶宝石的领带夹子。为什么只借 1 美元呢？也许，这是一种试探，试探银行的工作质量和服务态度。于是他立即装出十分高兴的样子说："当然可以，只要有担保，无论多少都可以照办。"

"好吧。"犹太人从豪华的皮包里取出一大堆股票、国债、债券等放在经理的办公桌上。经理清点了一下："先生，总共是 50

万美元，做担保足够了。不过您真的只借1美元吗？”“是的，我只需要1美元。”经理帮犹太人办完一切手续，便欲离去。这时银行行长从后面追上来，有些窘迫：“先生，我实在弄不懂，您拥有50万美元的家当，为什么还要借1美元呢？”

“我到这里来是想做一桩生意，可是随身携带这些票券很碍事。租金库的租金昂贵，但我贷1美元，一年利息只有1美分，便将这些东西以担保的形式寄存在贵行这里，这多合算啊。”

需要了解的基本概念

存款：居民个人为了某种目的把暂时闲置的货币存入银行或其他金融机构的一种信用行为。

贷款：是银行或其他金融机构按一定利率和必须归还等条件出借货币资金的一种信用活动形式。

利率：利率表示一定时期内利息量与本金的比率，通常用百分比表示，按年计算则称为年利率。其计算公式是：利息率 = 利息量 ÷ 本金 ÷ 时间 ×100%。

思考：如果现在利率上升了，你的家庭是否会增加在银行的存款，是否会增加在银行的贷款，为什么？

抵押：借款人以特定的抵押品作为保证的贷款，如果借款人不履行债务，银行有权处理其用作保证的抵押品。

存款准备金率：金融机构为保证客户提取存款和资金清算需要而准备的缴存在中央银行的存款，中央银行要求的存款准备金占其存款总额的比例就是存款准备金率。

思考：

想一想，银行等金融中介是希望存款准备金率上调，还是下调？有兴趣的同学还可以深入探究存款准备金率变化（上调 / 下调）对银行等金融机构存贷款的影响。

课后的任务

1. 同学们有没有单独或者跟随父母一起去银行存取款的经历，如果有的话，是否遇到过一些无法理解的业务内容。现在你可以和同桌展开讨论，或者写下你对银行业务存在的困惑，然后通过询问家长、老师或自我主动去寻找答案。

2. 人们去银行可以办理很多业务，相信同学们多多少少也接触过一些。下面列举了一般商业银行可以办理的常见个人业务，请勾选出你们已经了解的业务类型。

（1）储蓄 / 存款		（2）贷款业务	
（3）理财产品		（4）网上银行	
（5）代理基金或保险		（6）信用卡、借记卡	

以上 6 种业务之间是否存在关系，如果有，他们的关系是怎样的？如果你现在手上有一笔钱，请问：怎样使用才会让这笔钱与这 6 种业务都发生关联？

3. 请指出下图中的五个标志分别代表国内哪五家银行。它们当中，哪些属于国有商业银行？

家长小贴士：

家长应该结合上述的课后任务，帮助孩子理解银行不同业务之间的关系。

首先，你可能要把这笔钱存入自己的借记卡（银行业务第 6 项），如果你还没有卡的话，可以去银行办一张或者用父母的卡。在办卡的同时，也可以开通网上银行（银行业务第 4 项），这样，以后就能够十分方便地在电脑或手机上办理许多业务。接着，你可以把这笔钱拿出一部分用作储蓄（银行业务第 1 项），而银行会用你的储蓄进行贷款（银行业务第 2 项）。最后，这笔钱剩下的部分可以购买银行代理的基金或保险（银行业务第 5 项），或者购买理财产品（银行业务第 3 项）。

需要注意的是，购买理财等产品具有一定风险，所以在做出决定之前，孩子需要征得父母的同意。

补充阅读：

最早的银行

公认的西方最早的银行产生于文艺复兴时期的意大利。那时威尼斯和热那亚曾经是沟通欧亚的贸易要冲，四面八方的生意人云集，流通着各国货币。在意大利从事货币鉴别和兑换的场所条件简陋，办事处只有一条长凳，所以商人称它“Banco”（长凳）。英语中的“Bank”一词原意为“存取钱财的柜子”，就来源于意大利语“Banco”，后来泛指银行。

1171年意大利成立的威尼斯“国家借放所”是西方最早由国家经营的贷款取息机构。这家借放所也称作威尼斯共和国公债经营所，在此基础上1580年成立了“里亚尔布市场银行”，这是世界上最早的银行。1587年，政府将其更名为“威尼斯银行”，于是有了最早的国家银行。

中国人自办的第一家银行是在1897年由盛宣怀创办的中国通商银行。鸦片战争以后，西方国家纷纷在中国设立银行，而中国也需要有自己的银行来调剂资金。1896年11月，盛宣怀向清廷建议：“铸银币、开银行两端，实为商务之权舆。”“要振兴实业，非改革那些资本小、范围狭的金融机构、钱庄、票号、银号不可。”

同年12月7日，清光绪帝正式批准盛宣怀“招商集股，合力兴办”银行。

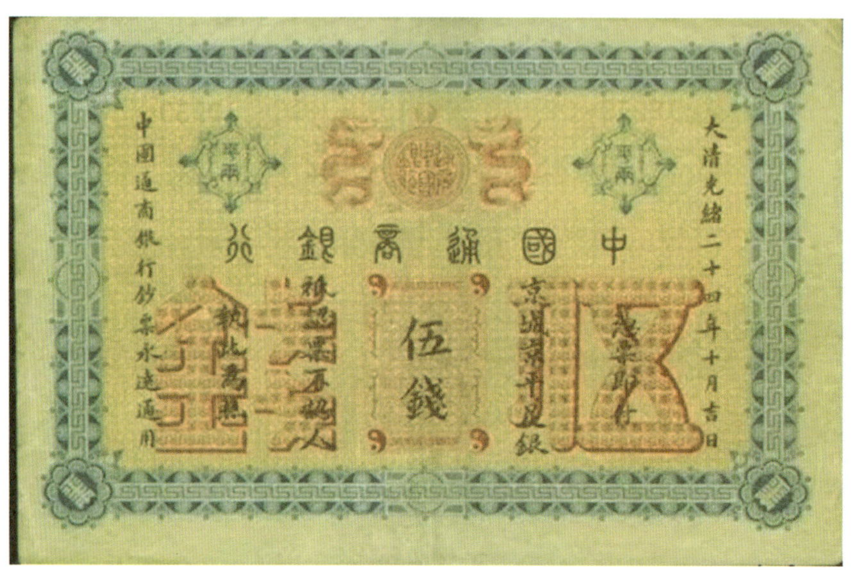

中国通商银行钞票

参考文献

[1] 闻景 . 个人理财 [M]. 上海:上海财经大学出版社，2006 年 .

[2] 吕斌，李国秋 . 个人理财——理论、规划与实务 [M]. 上海：上海大学出版社，2005.

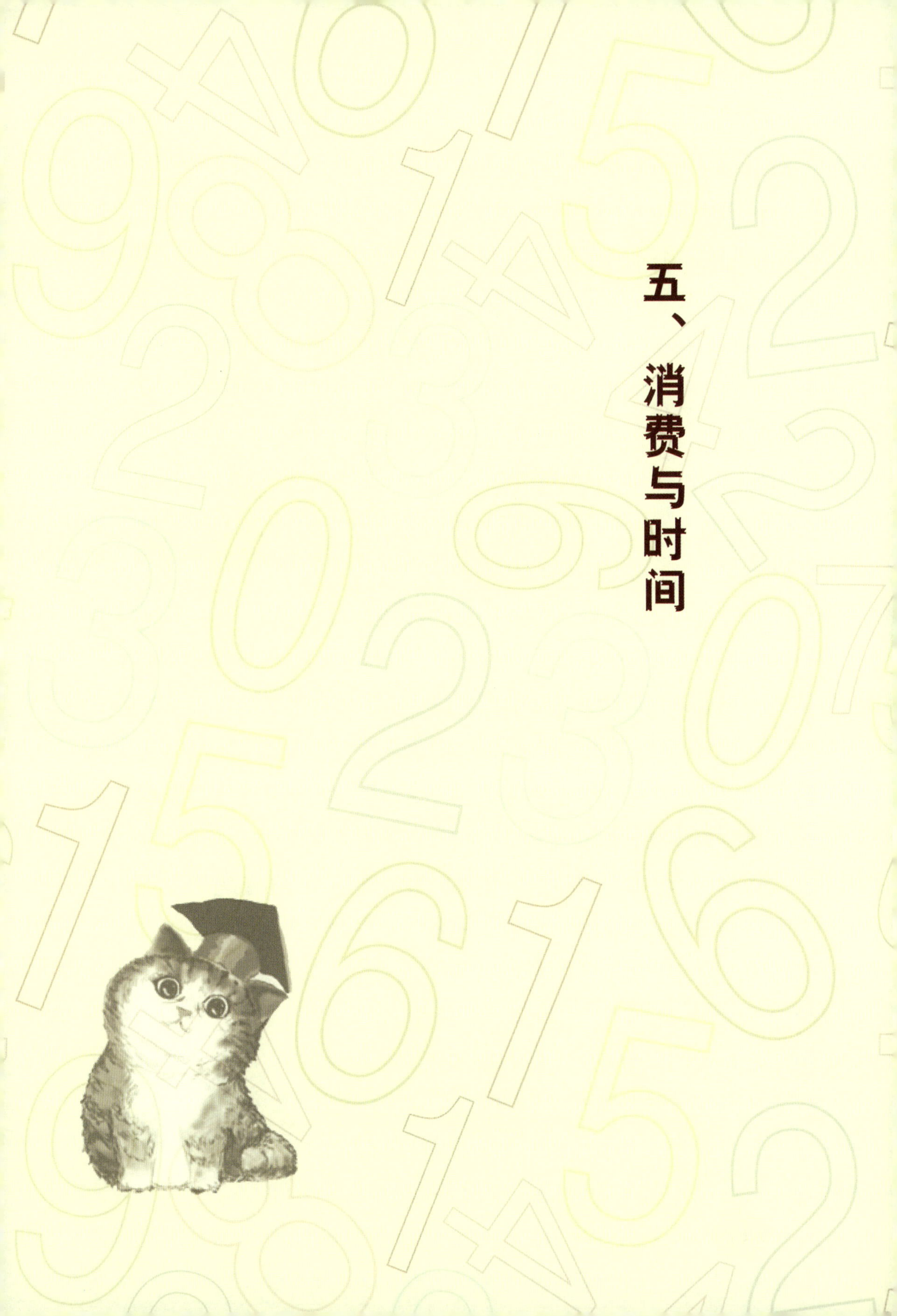

五、消费与时间

家长讲的故事：

延迟消费

犹太民族是世界上公认的最会赚钱的民族，他们有一种消费观念叫“延迟消费”，当孩子很小的时候大人就开始给自己的孩子灌输这一理念。“延迟消费”是指如果你喜欢某个物品，不要马上购买到手，而是把购买这一物品的钱进行投资，等赚钱后拿所赚的利润再去购买你喜欢的物品，而本金还存在。这可以看作孩子通过努力得到的奖赏，他会从中获得更大的满足感，并且更懂得珍惜这份来之不易的礼物。

对于儿童的成长阶段，如果你喜欢玩，就需要去赚取你的自由时间，这就需要良好的教育和学业成绩。经过努力你可以找到很好的工作，赚到很多钱，等赚到钱以后，你可以玩更长的时间，玩更昂贵的玩具。如果你搞错了顺序，选择先玩乐后工作，你就只能玩很短的时间，最后的结果是你拥有一些最终会坏掉的便宜玩具，但是你一辈子都得更努力地工作，没有玩具，没有快乐。

市场上的商品类型

1. 商品分类的定义

商品分类是指为了一定的目的或需要，根据商品的属性或特征，选择适当的分类标志将商品划分成门类、大类、中类、小类、品类或品目，以及品种、花色、规格等。

（1）商品分类的层次商品大类：依据商品生产和流通领域的大行业划分；

（2）商品中类小类：按中小行业或专业来划分；

（3）商品品类：具有若干共同特征的多个商品品种的总称；

（4）商品品种：具体商品名称；

（5）商品细目：规格、颜色、花色、质量等级的详尽划分。

商品的分类表

商品品目种类	应用实例	
商品大类	食品	日用工业品
商品中类	食粮	家用化学品
商品小类	乳及乳制品	洗涤用品
商品品类	奶	肥皂
商品品种	全脂饮用牛奶	茉莉香型香皂

思考：

请按照表格中的商品品目种类，与下面五种商品种类进行一一对应。

①烟酒饮料；② 1.25 升雪碧；③饮料；④瓶装饮料；⑤雪碧（例：①烟酒饮料属于“商品大类”）

2. 按照居民生活用品为主分类

（1）家用电器类：电饭锅、面包机、吸尘器、电视机、空调机等。

（2）家庭五金、家庭用品类：刀具、餐具、水杯、剪刀、饭盒等。

（3）卧具、家具类：床、沙发、办公桌椅、窗帘、被褥、毛巾等。

（4）文具、图书类：笔墨、笔记本、计算器、刀尺、纸张等。

（5）体育健身用品类：运动衫、登山用品、泳装、球类等。

（6）摄影器材、钟表、眼镜类：各类相机、三脚架、闹钟、挂钟、电子表、镜片、镜架、太阳镜等。

（7）妇女儿童用品类：香水、长筒袜、卫生棉、尿裤、鸭舌帽、吊带等。

（8）玩具类：积木、拼图板、益智玩具、三轮脚踏车、布偶等。

（9）服装类：衬衫、夹克、休闲鞋、圆领长袖内衣、背心等。

（10）食品类等：水果、海贝、鱼类、奶类、大米、罐头食品、茶叶等。

提前消费是债务

在一个炎热的小镇上，太阳高挂，街道无人。由于人们习惯于依靠信用提前消费，所以每个人都债台高筑。这时，从外地来了一位客人，他进了一家酒店，拿出一张1000元钞票放在柜台上，说想先看看房间，挑一间合适的过夜。

就在客人上楼的时候，店主抓了这张1000元钞票，跑到隔壁屠户那里支付了他欠的肉钱。屠夫有了1000元，穿过马路付清了猪农的买猪钱。猪农拿了1000元，出去付了他欠的饲料款。那个卖饲料的老兄，拿到1000元赶忙去付清拖欠饲料加工厂主的债务。有了这1000元，饲料加工厂主冲到旅馆付清了他所欠的酒饭钱和房钱。

旅馆店主忙把这1000元放到柜台上，以免客人下楼时起疑。

此时客人正下楼来，拿起1000元，声称没一间满意的，把钱收进口袋就走了……

这一天，没有人生产了什么东西，也没有人得到什么东西，可全镇的债务都清了，大家很开心……

现金的流通可以产生价值，也可以消除彼此之间的债务关联。

我们正逐渐迈入消费时代，提前消费可以说是进入了“寻常百姓家”。从车贷、房贷到信用卡支付再到网购，提前消费无时无刻不在发生。对于提前消费，有的人举双手欢迎，而另一些人则表现出担忧。那么，提前消费到底是好还是不好，下面让我们一探究竟。

好处：

（1）用明天的钱来实现今天的梦；

（2）在物价上涨过快的时候，同样的一件物品现在购买比以后购买更合算。

坏处：

（1）助长攀比之风，容易过度透支未来的收入；

（2）容易产生信用问题，如无法还钱的问题；

（3）背负的债务太多会增加心理压力。

延迟的消费是投资

美国哈佛大学著名心理学博士戈尔曼曾做过一个“延迟享受”的实验。实验开启前，他从街道里找来一批 4 岁的孩子，并且给他们每人一块糖，并告诉他们若能等到他回来再吃这块糖，则还能得到第二块糖。戈尔曼悄悄观察，发现有的孩子只等了一会儿便出现不耐烦的状况，迫不及待地把那块糖塞进了嘴里；相反有的孩子则很有耐心，而且很有办法，用做游戏、讲故事之类的方式来拖延时间，分散注意力，最终坚持到戈尔曼回来，得到了第二块糖。戈尔曼又对这批孩子 14 岁时和进入工作岗位后的表现进行了跟踪调查，发现晚吃糖的孩子数学和语文总成绩比早吃糖的孩子平均分高出许多，而且意志坚强，经得起困难和挫折，更容易取得成功。

同学们经常会面对许多诱惑，比如周围的同学都买了名牌鞋或是游戏机，于是，我们便禁不住拿出手头的零花钱也去购买相同的东西。即使我们暂时满足了自己，随之而来的结果不但影响你对学习的专一，而且还影响你的财务成功。因此，我们要学会延期满足自己的诱惑，在理财方面，更应该从“延迟享受”开始，做一个长远并且合理的计划，使自己的财产不断升值，用在未来该用且需要用到的地方。

多数成功的投资者都表示，长期目标性投资要比当前消费更为重要。他们认为，如果想要简单地进行财富积累，那延迟享受是最佳的选择，“如果你一开始就去消费你本应该留下的东西，最终你会发现你一无所有。”

如果每月存 1000 元用于退休之用，30 年后，会存下大约 36 万元。即使以年 5% 的回报率计算，退休后的年可支配收入也会增加 1.8 万元，足够一个人国内旅行一周了。相反，如果每月把这 1000 元消费掉，那意味着错过 1.8 万元的收益。

当然，这并不意味着我们可以忽视当前的物质需求，最重要的是要分清什么是生活必需的（如基本食物、住所、衣服等）和什么是想要的。

利息的故事

早在公元前 18 世纪，古巴比伦帝国编制的《汉谟拉比法典》，已经对金融活动所产生的债务债权关系作出了具体规定。其中，第八十九条规定：借贷谷物的利息是本金的 1/3，借贷白银的利息为 1/5。这大概是国家对利息最早的规定。

1. 利息会带来增值

1988 年，美国人德哈文的后代上诉美国法院，向联邦政府追讨国会欠他家族 211 年的债务。事情的经过是，1777 年严冬，当时的美国联军统帅华盛顿将军所率领的革命军弹尽粮绝，华盛顿为此向所困之地的宾州人民紧急求援，大地主德哈文借出价值 5 万美元的黄金及 40 万美元的粮食物资，这笔共约 45 万美元的贷款，借方为国会，年利率为 0.6%，211 年后的 1988 年，45 万美元连本带利竟然已滚成 1416 亿美元。

此故事足以说明复利增长的神奇力量。

2. 利息也会“贬值”

1977 年，张婆婆在银行存进 400 元，当时一个普通工人的月工资只有 36 元，可以看出这确实是一笔“巨款”。然而，存款后张婆婆就忘记了，这一忘就是 33 年。2010 年张婆婆偶然找到了这张存单，经过长达一周的查询，银行终于找到了她存单的原始记录。谁曾料想，33 年后，这 400 元存款只产生了 438.18 元的利息，扣除利息税后，张婆婆连本带息仅可取出 835.82 元。有人计算，33 年前的 400 元存款完全能在城郊买一所带宅基地的住房了。可现在本息只有 835 元，想买巴掌大的地方都困难。

思考：

为什么利息故事 1 中的贷款利息会升值那么多，而故事 2 中存款利息的实际价值反而降低了？

据此，同学们可以跟父母讨论，发现到底有哪些原因会影响利息。

需要了解的基本概念

债务：资金的借款人承担以后偿还某笔款项的义务。

合同：是当事人或当事双方之间设立、变更、终止民事关系的协议。

债权：资金的贷款者在贷出一笔款项的同时获得了一种权利，即可以要求借款者在以后偿还一笔款项的权利。

货币的时间价值：货币经过一定时间的投资和再投资所增加的价值。

利息：债权人让渡一定时期的货币使用权而向债务人收取的报酬。

现金流：企业一定时期的现金和现金等价物的流入和流出的数量。如销售商品、提供劳务、出售固定资产等形成企业的现金流入；购买商品、接受劳务、购建固定资产等形成企业的现金流出。

课后的任务

让孩子记录自己的消费日记，记录的时长可以是1~2周的时间，填写下列表格。记录时间截止后，家长与孩子一起分析消费的合理性，主要看哪些是可以延迟消费的，是否有足够的现金流进行投资。

孩子的消费日记

日期	项目	收入	支出

补充阅读：

如何训练孩子延迟消费的能力

1. 年龄太小的孩子，一般在 5 岁以下，不宜进行延迟消费训练，否则会降低他们的安全感。在孩子 5 岁以后，可以适当开展延迟消费训练，比如孩子哭着闹着要买一些不必要的东西时，父母应当制止一下，而不是一味地去满足。

2. 在前面“延迟享受”的例子中，对不同孩子而言，糖果的稀罕程度是不一样的。那些平时经常能吃到糖的孩子，对于眼前的诱惑，可能更易主动选择延迟消费，而平时很少能得到糖果的孩子，会对眼前的糖果表现出更加强烈的愿望。从这个角度看，作为父母，在孩子小时候应该多让他们接触各种事物，逐渐认清消费的本质。

3. 训练孩子的延迟消费能力在根本上是为了培养他们的自控

能力，而要使孩子控制好自己的行为，首先要学会控制自己的情绪。孩子小时候大多是偏爱零食的，父母如果全力控制，将会使孩子产生抵触情绪与情感压抑。父母可以尝试另辟蹊径，每隔一段时间买许多零食给孩子，并告知孩子可以自主处理这些零食，但不要贪吃，因为早早吃完就只能等着下一次了。逐渐的，孩子会规划好自己每天该吃多少，父母时不时也要在边上提醒和引导。

4. 父母要和孩子之间建立约定。比如，规定每次去超市只能买 1~2 件东西，家里已经有的东西不能再重复购买，贵重物品只能在儿童节或生日才能购买。父母一定要信守承诺，答应过的就一定要兑现，否则孩子宁可要眼前的诱惑，也不要没有结果的将来。

参考文献

[1] 闻景 . 个人理财 [M]. 上海：上海财经大学出版社，2006 年 .

[2] 吕斌，李国秋 . 个人理财——理论、规划与实务 [M]. 上海：上海大学出版社，2005.

[3] 小学生理财教育教案设计大赛组委会 . 2014 年小学生理财教育优秀教案集 [M]. 北京：机械工业出版社，2015.

六、投资的渠道

家长讲的故事：

马太效应

有个寓言故事，说耶稣基督给三个人每人一袋金子，给他们规定了偿还的期限，然后看他们如何利用这些金子来赚取财富。第一个人利用金子做了投资，很快又赚了一袋金子；第二个人利用金子做生意，也有了一笔家产；第三个人为了保证安全，把金子埋在了地下。

期限到了，三个人提着金子来见耶稣。耶稣对前两个人进行了奖赏，把那袋金子送给了他们。他问第三个人，你为什么一无所获？那人说，金子是你的，我不过是给你保管而已，我才不想给你效力呢。耶稣说，你是个懒惰的人，既然你认为金子是我的，那我就收回吧。

结果呢，第三个人永远沦为了落魄的穷人。有人不解地问耶稣，为什么你让有钱的人更富有，让没钱的人更贫穷呢？耶稣回答说：上帝赐给每个人的机会都是平等的。

这就是马太效应（Matthew effect），指强者越强、弱者越弱的现象，广泛应用于社会心理学、教育、金融以及科学领域，反映的社会现象是两极分化，富的更富，穷的更穷。

自主阅读：

投资渠道的类型

我国居民投资渠道一般可分为实物投资和金融投资。

1. 实物投资

（1）房地产投资：美国与中国的对比。

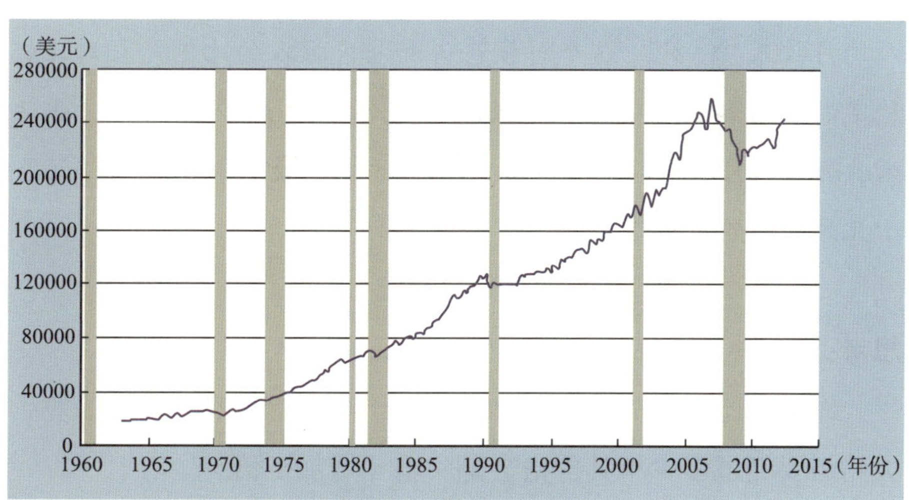

美国房产投资的增长曲线

资料来源：美国商务部。

自 1963~2011 年第四季度，美国实际成交房价上涨了近 14 倍；2011 年与 2007 年的顶峰相比更上涨了 16.7 倍；至今 47 年间平均每年上涨 5.9%（未剔除通货膨胀）。

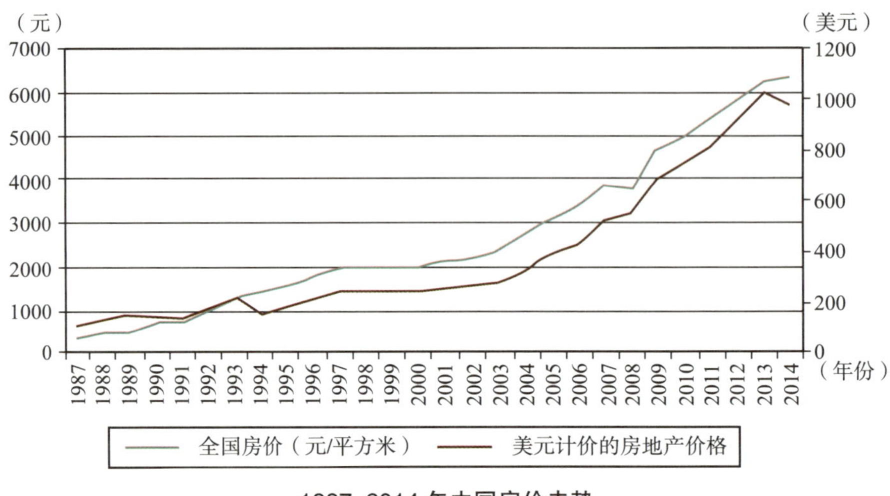

1987~2014 年中国房价走势

在 2001 年的时候，全国的平均房价还在 874 元 / 平方米，人均月收入 716 元。这个时候房价和居民收入的比例是相对比较稳定的。而到 2014 年，全国的平均房价就达到了 6595 元 / 平方米，而人均月收入只有 3831 元，房价和收入之比快达到 2 倍了，十几年来房价则翻了 7 倍。

思考：

你是否还记得 72 定律？如果房价年均上涨 12%，请算一算，大约需要经过多少年其价格会翻一番（增加 1 倍）。

（2）收藏品投资。

收藏古玩字画的故事：

俗话说“盛世藏古董，乱世藏金银。”1917 年，兵荒马乱，一老大娘独自带着孙子往北方逃难。一路上受尽磨难，但孙子是家里的“独苗”，祖孙俩咬牙撑着。但老大娘年纪大了，实在受

不了每天睡草堆、啃糠面的生活，饿昏在了一户人家门口。瞧这户人家，三进的院子，丈高的院墙，也不算是小户。这家出了个三代单传的败家子，整天吃喝玩乐，家里只有个老母亲吃斋念佛，操持家业，要不，家早被他败光了。

这天，老母亲出门上香，正见门口有一孩子哇哇大哭，边上还躺着一位老大娘。这一看就是落难了，于是这老母亲发了善心，留下了这祖孙俩。几天后，落难老大娘要带着孙子赶路，临走前咬牙把随身的一把折扇送给了恩人。

没几年，这户家里就剩下了败家子一个人，吃光玩光，家产都抵给了赌场，在别人清点家产的时候，这败家子百无聊赖，嫌天气热就顺手拿了一把扇子，哼着歌走了。

败家子走在大街上，没了往日的威风，肚子饿了去饭馆，想押扇子换碗饭，却被打了出来。正好遇见进门的一位富商，这富商眼尖，一眼瞅见这破落户手里拿的是湘妃竹扇，要过来打开一看，好家伙，文徵明的字。这富商当场要掏钱买。败家子也不是个糊涂人，明白东西值钱。当富商问起扇子的来历后，知道败家子挥霍了家产才落魄的，便给了他一份生意。这败家子从此明白了人生起伏，开始专心做事，终有成就。

湘妃竹扇

收藏邮票的故事：

相信大家都听过司马光砸缸的故事。司马光，字君实，北宋时期陕州涑水乡高侯里人，是中国古代著名的历史学家。他用了19年的时间，成就了一部巨作《资治通鉴》。司马光小时候就比别的小朋友聪明，7岁时曾用石头打破水缸救同伴。

2004年6月1日我国发行了司马光小版邮票，此邮票1套3枚，现在的市场价约150多元。

这款司马光小版邮票在这么小的版面上，淋漓尽致地演绎了司马光砸缸的故事，画面清晰、色彩鲜艳。这款小版邮票让人爱不释手，但只出售了半年就停止发售了，让许多没有收藏到的集邮爱好者倍感失望。现在有好多收藏者一直在寻找这套邮票，它不仅好看、有内涵，而且很有收藏价值，升值空间也很长远。

藏品的选择应该从文化价值和经济价值两方面入手，首先要考虑文化价值，包括藏品的历史性、知识性、工艺性、稀有性等方面。藏品融入的文化元素、知识性元素、可读元素越多，收藏价值越大。

司马光小版邮票

另外，影响收藏品增值的因素还有：存世量、需求量、市场炒作、时间维度。那些现存量少、市场需求量大、存在市场炒作空间且历史悠久的藏品，其价值升值空间往往越大。需要注意，炒作可能导致价格暴涨，如果严重地违背了价值规律，那就容易存在暴跌的风险，我们应当谨慎对待、冷静分析。

（3）其他投资。

彩票：

也称奖券，上面编有号码，按票面价格出售。开奖后，持有

中奖号码奖券的人，可按规定领奖。它是一种以筹集资金为目的发行的，印有号码、图形、文字、面值的，由购买人自愿按一定规则购买并确定是否获取奖励的凭证。

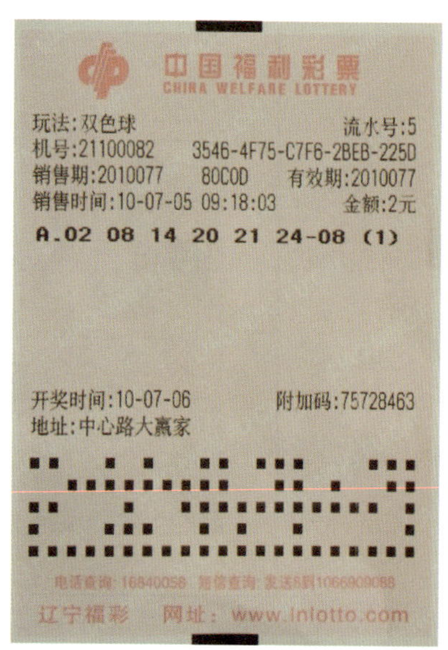

彩票的样例

彩票的原理是数学中的概率论，每一期中奖号码既具有一定独立性，也具有一定的规律性。我们需要根据概率的特点，归纳总结其中的规律性与随机性的组合，从而把预测中奖范围压缩到最小，提高中奖率就是用知识博彩的价值和作用。

思考：

现在你手上有 2 元钱，可以买一注体彩排列三的彩票。其中奖规则如下：从数字 0~9 中分别摇 3 次，产生一个 3 位数的组合。

你可以自由地投注一个3位数，如果投注号码与中奖号码按位数完全相同（中奖号123对投注号123），则可获得“单选”奖，奖金为1040元；如果中奖号3位数各不相同，且你的投注号的三个数字与中奖号相同，顺序不限，则可获得“组选6”奖（中奖号123可以对123，132，213，231，312，321），奖金为173元。

问题1：买一次就能中“单选”奖的可能性有多大?

问题2：如果你每天都选589作为投注号，在开奖随机的情况下，平均多久才能中一次“组选6”奖?

我们每个人都渴望改变我们的生活质量，但是我们不可以将买彩票中大奖作为途径，而是应该要脚踏实地、勤勤恳恳地努力工作，用我们的付出去换取更加美好的生活。

2. 金融投资

（1）储蓄存款：活期存款、定期存款。

（2）股票：普通股票、优先股票。

（3）债券：政府债券、金融债券、公司债券。

（4）基金：信托投资基金、公积金、保险基金、退休基金。

（5）金融衍生品：权证、期货、期权、金融互换。

（6）保险：家庭财产保险、人身保险、机动车辆保险、投资理财类保险等。

（7）外汇：外汇储蓄、外汇理财产品、外汇买卖、远期外汇、外汇期权等。

（8）信托：房地产信托、基础产业信托、工商企业信托、金融市场信托。

（9）其他理财产品。

不得不说的股票

在了解股票之前，我们可以先看一个小故事。

从前，市场上有两个卖烧饼的人——烧饼甲和烧饼乙，他们的生意都很差。于是，他们想玩一个游戏。甲花1块钱买乙一个烧饼，乙同样花1块钱买甲一个烧饼，现金交付。第二天，他们把烧饼的价格增加到2块钱，又重复了一次前一天的互相交易，第三天、第四天……他们不断地提高烧饼价格。这样，市场上的人都看到了烧饼涨价了，但是对甲乙二人来说，谁也没有赚钱。

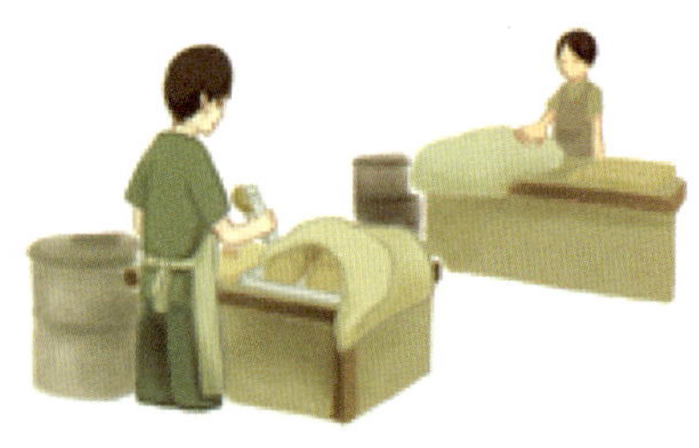

这时路人丙和路人丁走过来。

丙:“之前不是1块钱吗？怎么现在卖10块了呢？”

丁:“我确信烧饼还会涨价，还有人给出了20元的‘目标价’。我们多买点，转手再卖掉肯定成土豪了。”

（注：在股票市场上，“丁”叫股民，给出目标价的叫研究员。）

接下来，买烧饼的路人越来越多，参与买卖的人也越来越多，烧饼的价格节节攀升，所有人都很高兴，因为大家都没有亏钱。

丙怀疑道:“难不成买烧饼永远不会亏钱吗？”

丁:“有可能吧，如果监管部门进入市场，规定烧饼的定价应该是每个1块，或者市场上出现了很多做烧饼的……”

思考：

还有没有其他原因使烧饼降价？同学们可展开讨论。

股票是一种有价证券，是股份有限公司签发的证明股东所持有股份的凭证。股票代表着股东对公司的所有权，也是代表一定经济利益分配请求权的资本证券。

1. 股票特征

（1）永久性：股票所载有权利的有效性始终不变。

（2）参与性：股票持有人有权参与公司重大决策。

（3）流通性：股票可以在依法设立的证券交易所上市交易或在经批准设立的其他证券交易所转让。

（4）收益性：股票的收益来源于股份公司的分红和股息以及股票买卖的差价（即资本利得）。

（5）风险性：持有股票可能产生经济利益损失。

2. 股票的开户过程

（1）进入选好的证券公司网站扫描二维码下载证券开户APP。

（2）打开APP，按提示开户流程操作，填写注册的基本资料。

（3）身份验证资料完成后，继续完善个人详细的开户资料。

（4）选择股票开户营业部，制定您的专属理财顾问。

（5）开通证券账户（沪市A股、深圳A股账户全选），绑定三方存管。

（6）视频认证，通过手机摄像头与客户人员视频认证。

（7）客户申请、安装数字证书。

（8）进入签署协议界面，仔细阅读每个协议，确认后再点

“下一步”。

（9）进入风险测评环节，完成以后，再点“下一步”，回访问卷，开户结束。

（10）通常在次日会收到短信反馈，以告知开户成功与否。

思考：（难度题）

股票走势变化

股票走势变化图反映了某公司从 2016 年 11 月到 2017 年 3 月的股票走势变化。根据趋势图，请判断大约在哪个时间点买入股票，又在哪个时间点卖出股票可以获得最大的利润收益(提示：

线条上升表示股票升值，线条下降表示股票贬值）。

股票的术语

（1）普通股。普通股是指在公司的经营管理和盈利及财产的分配上享有普通权利的股份，代表满足所有债权偿付要求及优先股股东的收益权与求偿权要求后对企业盈利和剩余财产的索取权，它构成公司资本的基础，是股票的一种基本形式，也是发行量最大，最为重要的股票。

（2）优先股。是相对于普通股而言的。主要指在利润分红及剩余财产分配的权利方面，优先于普通股。

（3）绩优股。是指那些业绩优良，但增长速度较慢的公司的股票。这类公司有实力抵抗经济衰退，但这类公司并不能带来振奋人心的利润。因为这类公司业务较为成熟，不需要花很多钱来扩展业务，所以投资这类公司的目的主要在于拿股息。

（4）后配股。后配股是在利益或利息分红及剩余财产分配时比普通股处于劣势的股票，一般是在普通股分配之后，对剩余利益进行再分配。如果公司的盈利巨大，后配股的发行数量又很有限，则购买后配股的股东可以取得很高的收益。发行后配股，一般所筹措的资金不能立即产生收益，投资者的范围受到限制，因此利用率不高。

股票的交易时间为：周一至周五（法定休假日除外），
上午 9：30~11：30，下午 13：00~15：00。

需要了解的基本概念

股权：广义上的股权是指股东将自己的财产交由公司进行经营，股东按其投资份额对公司享有一定权利并承担一定义务，这种权利和义务的总称就是股权；狭义上的股权是指股东因其股东地位而对公司享有的一系列权利的综合。

股份：股份有限公司的股份是公司资本所划分的等值份额，每股的金额相等，股份的表现形式为股票。

股票：股票是股份有限公司发给股东的一种股份所有权的证书，也是股东取得股息和红利的一种凭证。它可以作为买卖对象和抵押品，是资金市场筹集长期资金的主要信用工具。

课后的任务

在家长的帮助下，组织3~4位同学成立一个小的投资小组，一起做一次股票的虚拟买卖。假设每个人有10000元人民币，任意选择一只股票，在某个固定的时点进行买卖交易，如上午10点买入，次日下午2点卖出。观察自己的收益变化，想一想如果不是次日2点卖出，而是2日后的2点卖出，又会有什么变化？

补充阅读：

一些新兴的投资渠道

1. 互联网类商品

当前互联网类商品主要以余额宝、理财通、百赚等为首，出资门槛 1 元起，年化收益率基本在 4%~5% 之间。较高的流动性使得闲置资金能“拿着定存收益，享用活期便当”，因而受到了出资者的大力追捧。

2. 网贷 P2P

P2P 也是时下较为盛行的投资方式，年化收益率通常在 8%~13% 之间。操作简单，进入门槛较低，风险也相对较小，所以近些年越来越受到公众期待。需要注意的是，有一些不法分子打着“P2P 理财”旗号四处骗取钱财，所以，我们一定要谨慎防备。

3. 票据理财

票据理财是商业银行将已贴现的各类票据，以约定的利率转让给基金、信托中介，信托中介经过包装设计后，出售给投资者。当前最火爆的主要是互联网票据理财，如票据宝、京东金融、E票宝、金银猫等。票据理财门槛较低，年化收益率在 6%~8% 之间，超过大多数的银行理财产品。但风险向来与收益并存，企业造假、银行拖延兑付等问题可能引发投资者收益受损。

参考文献

[1] 闻景 . 个人理财 [M]. 上海：上海财经大学出版社，2006.

[2] 吕斌，李国秋 . 个人理财——理论、规划与实务 [M]. 上海：上海大学出版社，2005.

[3] 曹雪峰 . 股份发行的概念、种类和原则是什么？[J]. 学习与研究，1994（16）：20.

[4] 王珏 . 股票的概念与种类 [J]. 中国经济导刊，1998（7）：45.

[5] 王萍萍 . 股权概念的界定 [J]. 法制与社会，2006（9）：27.

[6] 何其多 . 投资概念的定义问题 [J]. 云南财经大学学报，2003（4）：88-91.

七、风险的防范

家长讲的故事：

保险的功能

第 25 届奥运会在西班牙的巴塞罗那举行，那里有一个聪明的电器商人。他在奥运会开幕前宣称："如果西班牙运动员在本届奥运会上得到的金牌总数超过 10 枚，那么顾客自 6 月 3 日到 7 月 24 日，凡是在其商店购买的电器，可以获得全额退款。"消息轰动了整个西班牙，一时间顾客云集。虽然电器价格较贵，销售量还是猛增。人们梦想的事最终发生了，到 7 月 4 日，西班牙运动员获得了 10 金 1 银的成绩，已经超过了电器商店老板承诺的退款底线。

以前购买的电器给予全额退款已成定局，很多人以为这个电器商人一定要亏死了。但是这个聪明的电器商人依然乐呵呵地接待着顾客，而且还要继续对后 20 天销售的电器进行全额退款。

原来，他在发布广告之前就已经去保险公司购买了专项保险，“如果西班牙运动员在本届奥运会上得到的金牌总数超过10枚，保险公司负责赔付电器商人所有销售电器的退款。”原来，保险公司的体育专家仔细分析了以往奥运会西班牙获得金牌的情况，从来没有超过5枚，据此认为这一次也不可能超过10枚，并接受了这个保险业务。因此，这个电器商人的促销活动，所有的赔偿都最终会由保险公司来支付，电器商人一点都没有亏到！在这个故事里，电器商人通过购买保险避免了自己的财产损失，保证了自己的正常销售利润，而且维护了自己的商业信誉。

自主阅读：

什么是风险

一般而言，风险与不确定性有关，若某一事件的发生存在着两种或两种以上的可能性，即可认为该事件存在风险。在保险的领域，风险特指和损失有关的不确定性，包括发生与否的不确定，发生时间的不确定和结果的不确定。

根据不同的标准，风险有不同的分类，常见的是依据风险产生的原因不同，将风险分为自然风险、社会风险、政治风险、经济风险与技术风险。

1. 自然风险

由于自然现象、物理现象和其他地质现象所形成的风险。如地震、水灾、火灾、风灾、雹灾、冻灾、旱灾、虫灾以及各种瘟疫等。在各类风险中，自然风险是保险人承保最多的风险。自然风险的成因不可控，但有一定的规律和周期，发生后的影响范围较广。

旱灾、地震、水灾、雹灾

2. 社会风险

社会风险是指由于个人或团体的行为（包括过失行为、不当行为及故意行为）或不行为使社会生产及人们生活遭受损失的风险。如盗窃、抢劫、玩忽职守及故意破坏等行为将可能对他人财产造成损失或人身造成伤害。

盗窃、抢劫、玩忽职守、故意破坏

3. 政治风险

政治风险（又称为“国家风险”）是指在对外投资和贸易过程中，因政治原因或订约双方所不能控制的原因，使债权人可能遭受损失的风险。如因进口国发生战争、内乱而中止货物进口；因进口国实施进口或外汇管制，对输入货物加以限制或禁止输入；因本国变更外贸法令，使出口货物无法送达进口国，造成合同无法履行等。

战争与进口限制

4. 经济风险

经济风险是指在生产和销售等经营活动中由于受各种市场供求关系、经济贸易条件等因素的影响或经营者决策失误，对前景预期出现偏差等导致经营失败的风险。比如企业生产规模的增减、价格的涨落和经营的盈亏等。

5. 技术风险

技术风险是指伴随着科学技术的发展、生产方式的改变而产生的威胁人们生产与生活的风险。如核辐射、空气污染和噪音等。

核辐射与空气污染

风险防范的寓言

1. 亡羊补牢

从前，有人养了一圈羊。一天早晨，他发现少了一只羊，仔细一查，原来羊圈破了个窟窿，夜间狼钻进来，把羊叼走了一只。邻居劝他说："赶快把羊圈修一修，堵上窟窿吧！"那个人不肯接受劝告，回答说："羊已经丢了，还修羊圈干什么？"第二天早上，他发现羊又少了一只。原来，狼又从窟窿中钻进来，叼走了一只羊。他很后悔自己没有听从邻居的劝告，便赶快修好了羊圈。从此，羊群安然无恙了。

亡羊补牢

2. 蚂蚁与蚱蜢（《伊索寓言》）

在寒冷、结霜的天气，一只蚂蚁拖曳出一些夏天储存起来的玉米，想晾干它们。一只蚱蜢，饿得快要死了，就恳求蚂蚁给他一些食物，让他保住性命。蚂蚁说："那你整个夏天在干什么？"蚱蜢说："我并没闲着，我整个夏天都在歌唱。"蚂蚁笑着关闭了他的谷仓，说："你可以在整个夏天歌唱，那你也可以在整个冬天跳舞。"

伊索寓言的故事

这两则寓言启示我们尽早防范风险，做好保险准备。

投资有风险

相信同学们一定都听过牛顿坐在树下被苹果砸中的故事，但是，大家似乎并不知道牛顿也是一个喜欢投资的股票玩家。

1720 年 4 月 20 日，牛顿卖出了所持有的英国南海公司股票，获利 7000 英镑。但之后南海股票继续上涨，牛顿感觉自己只赚了个小头，严重“踏空”（股价上涨，而原来抛出股票的投资者因为各种原因没有及时买进股票）。于是，他再度买回了南海股票。随后的一年，南海股价从 128 英镑飙（biāo）升至 1000 英镑，但是，人算不如天算，很快形势急转直下，南海股票泡沫最终破灭，牛顿也以亏损 2 万英镑了结残局，牛顿 10 年的收入在这次买卖中化为乌有。

像牛顿这么聪明的人也会被投资风险无情击中，可见“风险”本身是无处不在且难以预测的。然而，我们也不能因为自己没有牛顿那般聪明，就放弃了面对风险的勇气。其实，聪明和风险规避之间并不存在因果关系，我们在投资过程中要做的是发现风险缺口，然后对其进行有效的管理和防范，使潜在的收益最大化、损失最小化。

如何防范风险

1. 知己知彼，百战不殆

在投资或购买理财产品之前，首先要清楚自己的财务状况，量力而行。正确地评估自己的性格特征和风险偏好，在此基础上决定自己的投资取向及理财方式。其次，还要了解投资对象的风险状况和宏观经济环境，做到在资本收益率与风险程度之间的平衡。

2. 不要把所有鸡蛋放在同一个篮子

我们要学会恰当的组合投资，学会分散风险。在投资理财中，分散投资风险就是防止孤注一掷。一个慎重的、善于理财的家庭，会把全部财力分散于储蓄存款、信用可靠的债券、股票及其他投资工具之间。这样，即使一些投资受了损失，也不至于满盘皆输。

3. 随机应变，适时调整

虽然我们确定了一个投资股票和投资债券的资金比例，但不应该死守这个比例，而是要根据各种因素的变化，较为灵活地掌控这个比例。经验证明，股市与债市之间存在着一种类似于跷跷板的互动效应。当股市上涨时，债市价格下跌，当股市低迷，人气面临崩溃时，你可以卖出债券，这时恰恰是债券上升的时候，可以卖一个好价格。同时又可以买入一些价格处于低位的股票，当持有一段时间后抛出获利。

总之，投资理财要遵守三个基本原则：安全第一，流动第二，获利第三。任何投资，只有了解并呵护好自己手中的鸡蛋，才能更好地控制出手时机，把控风险。

保险的作用

具体来说，保险具有以下诸多作用：

第一，转移风险：买保险就是把自己的风险转移出去，而接受风险的机构就是保险公司。

第二，均摊损失：转移风险并非灾害事故真正离开了投保人，而是保险人借助众人的财力，给遭灾受损的投保人补偿经济损失，为其排忧解难。保险人以收取保险费用和支付赔款的形式，将少数人的巨额损失分散给众多的被保险人，从而使个人难以承受的损失，变成多数人可以承担的损失，这实际上是把损失均摊给有相同风险的投保人。

第三，实施补偿：分摊损失是实施补偿的前提和手段，实施补偿是分摊损失的目的。其补偿的范围主要有以下几个方面：

（1）投保人因灾害事故所遭受的财产损失；

（2）投保人因灾害事故使自己身体遭受的伤害或保险期满应结付的保险金；

（3）投保人因灾害事故依法对他人应付的经济赔偿；

（4）投保人因另一方当事人不履行合同所蒙受的经济损失；

（5）灾害事故发生后，投保人因施救保险标的所发生的一切费用。

第四，抵押贷款和投资收益：保险法中明确规定：“现金价值不丧失条款”，客户虽然与保险公司签订了合同，但客户有权中止这个合同，并得到退保金额。保险合同中也规定客户资金紧张时可申请退保金的90%作为贷款。如果您急需资金，又一时筹措不到，便可以将保险单抵押在保险公司，从保险公司取得相应数额的贷款。

需要了解的基本概念

风险偏好：是指为了实现目标，企业或个体投资者在承担风险的种类、大小等方面的基本态度。

收益率：是指投资的回报率，一般以年度百分比表达，根据当时市场价格、面值、息票利率以及距离到期日时间计算。

风险分散：风险分散一般指持有多种风险资产，采用资产组合投资策略，即前面所说的不把所有的鸡蛋放在一个篮子里。将理财产品以组合的方式进行投资，可以有效降低在金融危机下投资行为的风险概率。

课后的任务

请同学们通过网络查询，比较不同投资产品的收益与风险情况。

不同投资品的收益与风险对比

投资产品	年收益	流动性	风险级别
一年期定存			
一年期国债			
银行理财产品			
开放式基金			
股票			
P2P 网贷			

注：年收益用百分比表示；流动性是指资产能够以一个合理的价格顺利变现的能力。分为好、一般、差；风险级别分为高、中、低。

补充阅读：

保险的起源与发展

人类社会从开始就面临着自然灾害和意外事故的侵扰，在与大自然抗争的过程中，古代人们就萌生了对付灾害事故的保险思想和原始形态的保险方法。公元前 2500 年前后，古巴比伦王国国王命令僧侣、法官、村长等收取税款，作为救济火灾的资金。古埃及的石匠成立了丧葬互助组织，用交付会费的方式解决收殓安葬的资金。古罗马帝国时代的士兵组织，以集资的形式为阵亡将士的遗属提供生活费，逐渐形成保险制度。随着贸易的发展，商业更加繁荣，大约在公元前1792年，正是古巴比伦第六代国王汉谟拉比时代，为了援助商业及保护商队的骡马和补偿货物损失，在《汉谟拉比法典》中，规定了共同分摊补偿损失之条款。

公元前916年，在地中海的罗德岛上，国王为了保证海上贸易的正常进行，制定了《罗地安海商法》，规定若某位货主遭受损失，由包括船主、所有该船货物的货主在内的受益人共同分担，这是海上保险的前身。

在公元前260年～公元前146年间，布匿战争期间，古罗马人为了解决军事运输问题，收取商人24%~36%的费用作为后备基金，以补偿船货损失，这就是海上保险的起源。

公元前133年，在古罗马成立的各雷基亚（共济组织），向加入该组织的人收取100泽司和一瓶敬人的清酒。另外每个月收取5泽司，积累起来成为公积金，用于丧葬的补助费，这是人寿保险的萌芽。

保险源于海上借贷。到了中世纪，意大利出现了冒险借贷，冒险借贷的利息类似于今天的保险费，但因其高额利息被教会禁止而衰落。1384年，比萨出现世界上第一张保险单，现代保险制度从此诞生。

保险从萌芽时期的互助形式逐渐发展成为冒险借贷，再发展到海上保险合约、火灾保险、人寿保险和其他保险，并逐渐发展成为现代保险。

17世纪，欧洲文艺复兴后，英国资本主义有了较大发展，经过大规模的殖民掠夺，英国发展成为在世界贸易和航运业拥有垄断优势的大英帝国，为英国商人开展世界性的海上保险业务提供了条件。保险经纪人制度也随之产生。17世纪中叶，爱德华·劳埃德在泰晤士河畔开设了“劳合咖啡馆”，成为人们交换航运信息、购买保险及交谈商业新闻的场所。随后开始在咖啡馆开办保险业务。1969年劳合咖啡馆迁至伦敦金融中心，成为劳合社的前身。

现行火灾保险制度起源于英国。1666年9月2日，伦敦发生巨大火灾（参见伦敦大火），全城被烧毁一半以上，损失约1200万英镑，20万人无家可归。由于这次大火的教训，保险思想逐渐深入人心。1667年，牙科医生尼古拉·巴蓬在伦敦开办个人保险，经营房屋火灾保险，成为第一家专营房屋火灾保险的商行，随后火灾保险公司逐渐增多，1861~1911年间，英国登记在册的火灾保险公司达到了567家。1909年，英国政府以法律的形式对火灾保险进行制约和监督，促进了火灾保险业务的正常发展。

英国在1688年建立的“寡妇年金制”和“孤寡保险会”等保险组织，使人寿保险企业化。

参考文献

[1]康华平.百姓视角看保险[M].北京：中国社会出版社，2008.

[2] 郭颂平，赵春梅 . 保险基础知识 [M]. 北京：首都经济贸易大学出版社，2014.

[3] 中国保险学会《中国保险史》编审委员会 . 中国保险发展史 [M]. 北京：中国金融出版社，1998.

[4] 迟枫 . 风险防范：个人投资理财的必修课 [N]. 上海金融报，2003-03-25（004）.

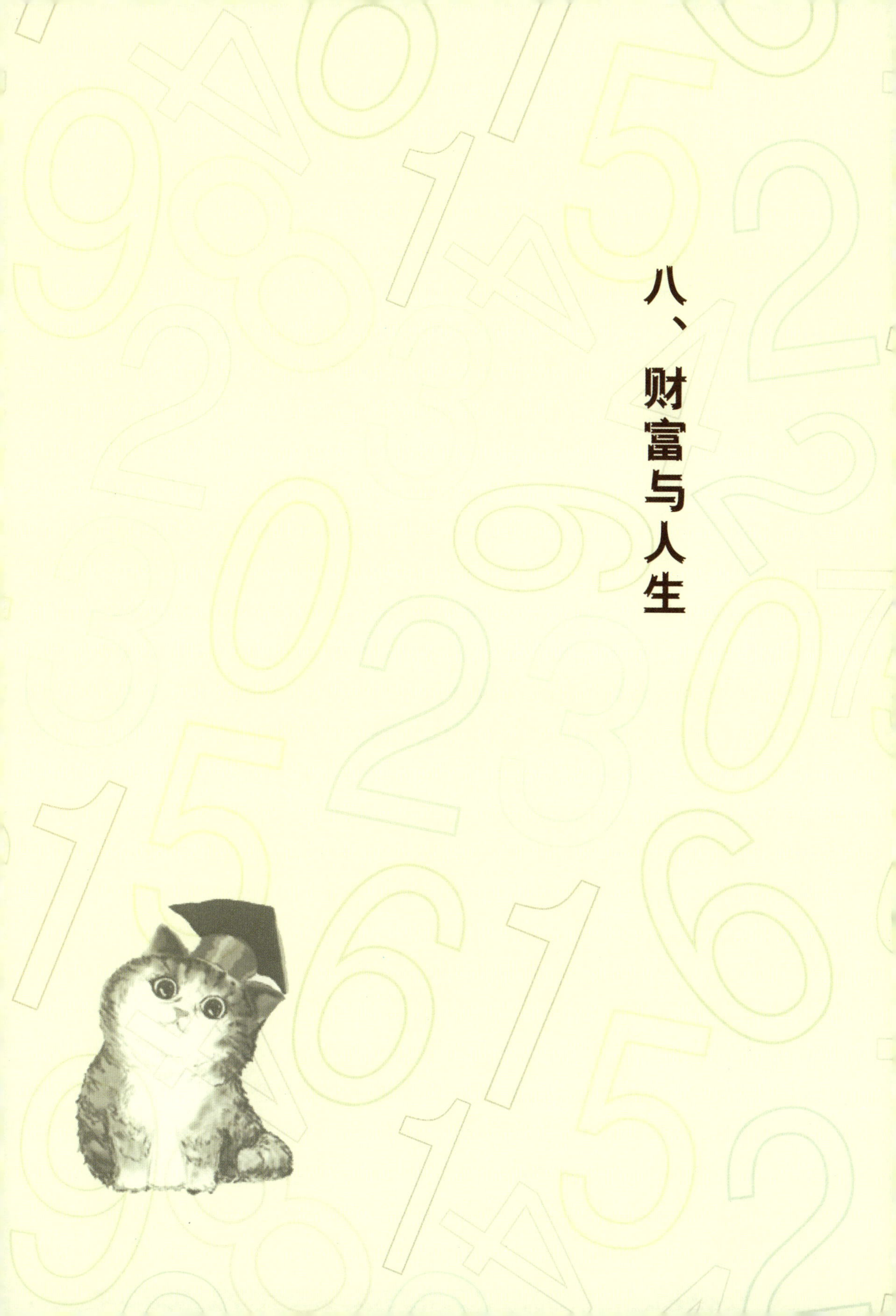

八、财富与人生

家长讲的故事：

“石油大王”的财富观

“石油大王”洛克菲勒是20世纪的第一个亿万富翁。他出身贫寒，创业的时候勤劳肯干，人们都夸奖他是一个好青年。但是，当他富有以后，他变得贪婪冷酷，人们开始不喜欢他，并开始仇恨他。

连他的家人对他的做法都感到耻辱，并开始疏远他。他的兄弟甚至将自己儿子的坟墓，从洛克菲勒家族的墓园中迁出去，并说：“在洛克菲勒支配的土地上，我的儿子无法安眠”。可以说，洛克菲勒的前半生是在众叛亲离中度过的。

洛克菲勒53岁的时候，开始疾病缠身。身体状况非常不好，医生告诉他，他必须在金钱和生命中选择一个。这个时候他开始醒悟了，是贪婪的恶魔控制了他的身心，他不应该成为金钱的奴隶，他获取金钱的目的是用好它们，最终享受人生的自由、幸福与快乐。于是，洛克菲勒听从了医生的劝告，他退休回家。开始学习打高尔夫球，去剧院看喜剧，经常去邻居那里聊聊天。

他开始用自己的巨额财富资助需要帮助的人们。一所位于密歇根湖畔的大学因为资不抵债要倒闭了，由于他捐了数千万美元，使这所大学生存下来，最终成为了赫赫有名的芝加哥大学。甚至，中国著名的协和医院最初也是由洛克菲勒基金会赞助建成的。

据统计，洛克菲勒捐出的钱有7.5亿美元，超过了他前半生所赚金钱的2/3。可以说，他是用后半生的时间找回了自己曾经失去的世界，那里有金钱买不到的平静、快乐、健康和长寿，以及别人的尊敬和爱戴。洛克菲勒的财富与人生的故事，也给后来的人以诸多的启示，许多富有的人借鉴他的人生经历，选择了更为幸福的人生路径。

自主阅读：

财富不是生下来自然就有的

作为孩子，我们无论从情感上还是理智上都应该明白，富裕的生活给我们带来的幸福是许多人得不到的。如果不懂得这个道理，我们慢慢就会把财富的获得归功于自己天生的才能，而认为那些穷人之所以不幸是因为他们自己能力不足。这种认识会让我们变得自恋并丧失同情心。

蒂莫西今年刚上六年级，他的父亲是一名企业家，母亲在他出生以后就辞去了工作，成为全职妈妈。蒂莫西就读于一家私立学校，成绩不错，经常在家主动做些杂务。他和同一社区的朋友都认为他们和美国普通家庭的孩子一样，况且他们的父母也一直这样对他们说。对于与外界接触较少的他们而言，最直观的认知就是彼此之间或是与电视上看到的东西进行比较，所以，他们对

现实的判断很有局限性。

蒂莫西和他的朋友会取笑靠奖学金上学的孩子，笑话他们过时的裤子和磨损的廉价鞋。他们的生活经历使他们意识不到有人还在穿别人穿过的衣服。所以，当父母拒绝给他 100 美元去看摇滚音乐会的时候，蒂莫西很是闷闷不乐。况且，他的两个朋友都要去听这场音乐会，他觉得父母对自己不公平，剥夺了自己应有的权利。他认为父母给予他的一切都是理所应当的。

请同学们想一想，蒂莫西的做法有什么不妥当的地方吗？

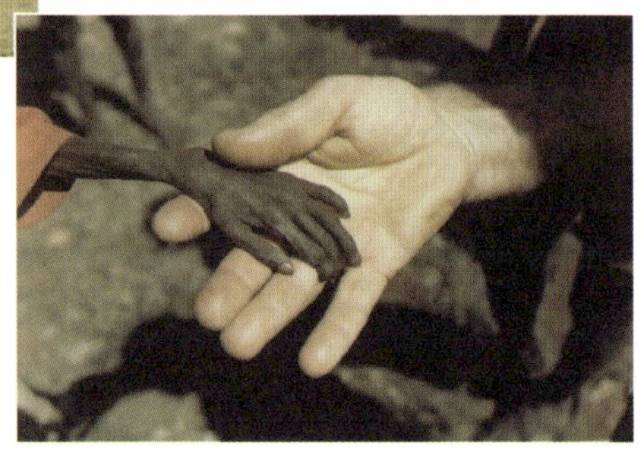

非洲忍受饥饿的儿童

叙利亚战争中的儿童难民

在我国中西部地区的偏僻山村，一些学校至今仍然缺乏完善的教学设施，孩子们挤坐在破旧的教室里，没有空调、电扇，也没有现代化的教学投影设备。放学回家以后，他们还要帮父母做农活，直到当天所有农活都做完，才有时间去写老师布置的作业。想一想偏远山村的孩子，再看看我们这些生活在城市里的孩子，我们是不是应该为他们做点什么？

我国贫困地区的儿童

财富的作用

财富作用的比较

好处	坏处
1. 舒适生活的保障	1. 丧失工作和进取的斗志
2. 自由选择学习和探索的方向	2. 导致懒惰
3.	3.
4.	4.
5.	5.
6.	6.
7.	7.

请填充上面的表格，并仔细谈谈你认为财富给你带来的最大好处是什么？最大的坏处又是什么，你又该如何克服这些不利影响？

给孩子树立正确的财富观

首先，要让孩子认识到劳动是财富的源泉。劳动不分高低贵贱，只要依靠自己的双手和智慧创造财富，那就是光荣的、崇高的。相反，那些不劳而获的思想则是落后的，也是被人看不起的。

其次，要让孩子知道依靠创新获得财富是值得敬佩的。未来的社会进步将越来越依靠科技创新，那些敢为人先的创新家们在创造财富的同时，个人也获得了相应的回报。现实的“金矿”总有一天会被挖掘完的，但头脑中的“金矿”却是取之不尽用之不竭的。家长要鼓励孩子们努力学习科学文化知识，丰富大脑中的“金矿”，提高他们的创新能力。

最后，要培养孩子的社会责任感。如果财富只是用于个人消费，那只不过是一种狭隘的财富观。对于生活富裕的家庭而言，应该让孩子认识到，财富虽然是我们辛勤劳动的结果，但如果没有大自然的慷慨赠与，没有稳定和谐的社会作为保障也是不行的。所以，在如何使用财富的问题上，家长要教育孩子不能只关注个人消费，还要热心公益，回报社会，使人生价值得以不断彰显和升华。

如何用我们的财富帮助别人

有句谚语说得好，一个人的真正财富，是他在这个世界上对其同伴及朋友们所做的好事。当他死去时，人们不会说：“他遗留下多少财产？”但却会问：“他生前做过多少好事？”

如何更好地理解财富在我们人生中的作用，具有更为深远的意义。我们也许需要思考，当我们有余力的时候，是否应该帮助一些需要我们帮助的人？如何判断我们有无能力去帮助别人？我们为什么要用自己积累的财物去帮助别人？

财富是否只有停留在我们的手中，才会让我们感到快乐？我们合理理财的目的是财富本身，还是通过财富的积累获得幸福？

小故事：

蔡特金是德国工人运动和国际工人运动杰出的女活动家，德国共产党的创建人之一。她为国际妇女运动做出了卓越的贡献。她还是三八国际劳动妇女节的创始人。

很小的时候，蔡特金就表现出了她对弱者的同情心和爱心。

有一次，小蔡特金和父亲一块儿逛街，见到了一个小报童，这位小报童穿得又脏又破，十分可怜。这个时候，小蔡特金顿时产生了同情之心，便把平时积攒下来的零花钱拿了出来，一下子向小报童买了七份报纸。

蔡特金的父亲十分好奇，不知道自己的女儿为什么要买这么多的报纸，于是就问："你为什么要买这么多的报纸？一份不就够了吗？"

小蔡特金以为爸爸批评她乱花钱，难过得低下了头。

爸爸看出了女儿的心思，便对女儿说："孩子，别误会，我当然知道你为什么买这样多，但是你给他七份的钱，拿一份报纸不就可以了吗？其他的可以让他再去卖嘛！"

小蔡特金顿时恍然大悟，连忙取出一份报纸，把剩下的都还给了报童。

金钱除了可以提供食物和居所外（不是指鱼翅和城堡哦），

只是一种实现目标的手段。有趣的是，我们经常混淆目标和手段的区别，以牺牲幸福（目标）来换取金钱（方法手段）。

如果把金钱作为至高财富的衡量标准，那一切就容易得多了。并不是说赚钱或存钱是错误的，物质上的富有可以帮助个人甚至社会得到更多的幸福。但是，金钱本身并没有价值，而是因为它可以带来一些丰富的经历，让我们感受到生活的充实与美好。物质本身并不能给生命带来意义或是精神上的财富，我们要在奉献中不断创造、积累和享受财富。

需要了解的基本概念

慈善事业：以社会成员的慈善心为道德基础进行再分配，简单地说，就是有钱人自愿把钱分给穷人。

慈善事业宣传画

公益：是个人或组织自愿通过做好事、行善举而提供给社会公众的公共产品。在这里，做好事、行善举是对个人或组织行为的价值判断；行动的结果是向非特定的社会成员提供公益产品。

公益项目的宣传画

捐款：是指捐助钱财。按目的区分，有慈善性质和政治性质两种类别。

小学生给玉树地震捐款

志愿者：指在不为获取任何物质报酬的情况下，能够主动承担社会责任并且奉献个人的时间及精力的人。

小志愿者的活动

课后的任务

（1）针对自主阅读中的内容和图片，请谈谈你对财富的拥有和认识的变化？可以试着把自己的所感所想写下来，放学回家以后与父母，或是爷爷奶奶进行讨论，并询问他们小时候的生活和教育条件是怎样的。

（2）有一个年轻人跋涉在漫长的人生路上，到了一个渡口的时候，他已经拥有了“健康”“美貌”“诚信”“机敏”“才学”“金钱”“荣誉”七个背囊。渡船开出时风平浪静，说不清过了多久，风起浪涌，小船上下颠簸，险象环生。艄公说：“船小负载重，乘客须丢弃一个背囊方可安渡难关。”看年轻人哪一个都舍不得丢，艄公又说：“有弃有取，有失有得。”年轻人思索了一会儿，最后决定丢弃……如果换做是你，你会选择丢弃哪个背囊，为什么？

（3）在你看来，一个幸福的人生，除了物质金钱以外，还应该有什么？

致我们女儿的一封信
——马克·扎克伯格(Mark Zuckerberg)

扎克伯格一家

北京时间2015年12月2日早间消息，Facebook CEO马克·扎克伯格(Mark Zuckerberg)及其妻子表示，将向一家新的慈善组织捐出他们所持99%的Facebook股份。目前，这部分股份的价值达到450亿美元。

扎克伯格在致女儿的一封邮件中宣布了这一决定。扎克伯格的女儿麦柯斯于上周出生。

扎克伯格的这一计划与其他知名富豪，例如沃伦·巴菲特(Warren Buffet)和比尔·盖茨(Bill Gates)类似。盖茨等人已成立慈善基金会，将自己的财富投入慈善事业。

在自己的Facebook页面上，扎克伯格贴出了自己、妻子普里西拉·陈(Priscilla Chan)和女儿的全家福照片。他同时发布了“致我们女儿的一封信”。

在这封长达2200字的信中，扎克伯格和普里西拉·陈谈到了健康、教育，以及互联网普及等问题，随后宣布将启动“陈—扎克伯格项目”。这一项目的目的是“发挥人类的潜力，促进公平性”。

参考文献

[1][美]艾琳·加洛，乔恩·加洛著，曹俊，刘亮，高秋萍译．富孩子：全美最新儿童理财教育指南[M]. 北京：中央编译出版社，2003.

[2]杨铭铭．帮助孩子建立正确的财富观[J]. 中华家教．2007(10).

后　记

这是应孩子们的要求而写的一本书。原来只是认为，孩子们多了解一些财经类的知识没什么不好，也并没有觉得对孩子们来说多么的重要。然而，在写作及查阅资料的过程中，逐步深刻地认识到了财经素养教育的重要意义。未来的世界，是一个数字与经济的世界，无论孩子们喜欢什么样的科学和艺术，长大后从事什么样的职业，他们都不得不处理好自己的基本财务问题。一定程度的财务自由是孩子们人生价值实现的基础。因此，了解基本的财经知识是他们成长的关键一步，而能够更早地接触到这些方面的知识就是我们作为家长的重要工作了。

然而，将复杂的财经知识深入浅出地讲给高小的孩子们听，在我看来比给大学生讲课要难得多。虽然本书的框架参考了国内外的财经素养教育的部分成果，征求了业内专家的意见，并且成稿后也请适龄的孩子通读过书稿，进行过数次修改，但仍有诸多遗憾，只能期待后续完善了。

最后，感谢您读完这本书，希望对您有所裨益，哪怕只是对财经领域的知识产生了一点兴趣，也是对我们巨大的鼓励。

李桂君

2018 年 5 月 1 日